COME SMETTERE DI PENSARE TROPPO

LA GUIDA PRATICA PER ELIMINARE IL PENSIERO NEGATIVO, RIDURRE LO STRESS, SCONFIGGERE L'ANSIA E VIVERE POSITIVAMENTE

MATTIA PONZO

DISCLAIMER

Questo libro non ha la pretesa di sostituire il consiglio medico. Si raccomanda al lettore di consultare regolarmente un professionista della salute per qualsiasi questione relativa al proprio benessere, in particolare per eventuali sintomi che possano richiedere diagnosi o cure mediche.

Le informazioni fornite in questo libro sono puramente a scopo informativo generale. Pur impegnandomi a mantenere tali informazioni aggiornate e corrette, non sono fornite dichiarazioni o garanzie, esplicite o implicite, in merito alla completezza, precisione, affidabilità, idoneità o disponibilità riguardo alle informazioni, prodotti, servizi o grafiche correlate presenti in questo libro, per qualsivoglia scopo.

L'utilizzo di tali informazioni avviene a proprio rischio. I metodi descritti in questo libro rappresentano le opinioni dell'autore e non devono essere considerati come una serie definitiva di istruzioni per un determinato progetto. Potrebbe emergere la possibilità di utilizzare altri metodi e materiali per ottenere risultati simili.

INDICE

Immagina di poter vivere ogni giorno con una mente calma, libera dall'ansia e dai pensieri negativi che spesso ti tengono sveglio la notte. Questo libro nasce con l'obiettivo di offrirti gli strumenti per raggiungere proprio questo stato di serenità.

Viviamo in un mondo frenetico, dove siamo costantemente bombardati da stimoli, richieste e aspettative. In questo contesto, è facile cadere nella trappola del pensiero incessante, dell'auto-critica e dello stress. Forse ti sei già chiesto: "Perché non riesco a spegnere la mente? Perché continuo a preoccuparmi anche quando non c'è motivo?" La buona notizia è che non sei solo. E ancora meglio, ci sono soluzioni pratiche che puoi adottare per trasformare il modo in cui la tua mente affronta le sfide quotidiane.

Questo libro è una guida pratica e motivante per chiunque desideri prendere il controllo della propria mente e del proprio benessere. Non si tratta di teorie complesse o di consigli superficiali, ma di un percorso che ti accompagnerà passo dopo passo verso una maggiore consapevolezza, serenità e positività.

Cosa Troverai in Questo Libro

Nel corso dei capitoli, esploreremo insieme strategie efficaci per affrontare i pensieri negativi, ridurre l'ansia e gestire lo stress. Ogni tecnica presentata è stata selezionata per la sua capacità di portare cambiamenti concreti e duraturi. L'approccio del libro è semplice: unire conoscenze psicologiche, strumenti pratici e spunti di riflessione per aiutarti a comprendere te stesso e a superare le sfide mentali.

Che tu stia affrontando un momento particolarmente difficile o desideri semplicemente migliorare la qualità della tua vita, questo libro è pensato per te. Ogni capitolo è strutturato per essere una tappa del tuo viaggio verso una mente più calma e una vita più soddisfacente. Scoprirai come riconoscere e gestire le emozioni, pianificare e gestire il tempo in modo efficace, e soprattutto come adottare una mentalità positiva che ti permetta di affrontare ogni giornata con maggiore fiducia.

Perché Questo Libro Può Fare la Differenza

La bellezza del percorso che stai per intraprendere sta nella sua accessibilità e nella sua efficacia. Non è necessario essere un esperto di psicologia per applicare le tecniche proposte. Tutto ciò che serve è un po' di impegno e apertura mentale. Con questo libro voglio trasmetterti un messaggio chiaro: cambiare è possibile. Puoi allenare la tua mente a lasciar andare ciò che non serve, a gestire le sfide con maggiore equilibrio e a creare uno spazio interiore dove la serenità possa fiorire.

Come Usare Questo Libro

Ti invito a leggere ogni capitolo con calma, prendendoti il tempo per riflettere su ciò che apprendi e per applicare le tecniche nella tua vita quotidiana. Questo non è solo un libro da leggere, ma un manuale da vivere. Annotati i pensieri che emergono, prova gli esercizi proposti e sperimenta cosa funziona meglio per te.

Infine, voglio ricordarti una cosa importante: il cambiamento è un processo, non un evento. Con ogni passo che farai, anche piccolo, ti avvicinerai a una versione di te stesso più forte, serena e fiduciosa. E io sono qui, attraverso queste pagine, per guidarti lungo il percorso.

Sei pronto a iniziare questo viaggio? Allora andiamo: il tuo nuovo approccio alla vita ti sta aspettando.

CAPITOLO 1: DEFINIZIONE DI PENSIERO ECCESSIVO, CAUSE E IMPATTI EMOTIVI

Il pensiero eccessivo, spesso definito come "overthinking", è un fenomeno psicologico che molti sperimentano quotidianamente. Si tratta di un meccanismo in cui la mente si concentra eccessivamente su un particolare pensiero, un problema o una situazione, ripetendolo in loop senza trovare una soluzione chiara. Questa ripetizione costante non solo rende difficile l'uscita da un circolo vizioso, ma finisce anche per intensificare emozioni come ansia, stress, e incertezza.

Cosa significa pensare troppo?

Pensare troppo non riguarda semplicemente riflettere su una situazione o pianificare il futuro. In sé, il pensiero è essenziale per prendere decisioni, imparare e crescere. Il problema sorge quando i pensieri diventano ripetitivi, incontrollabili e si concentrano principalmente su preoccupazioni, errori passati o timori per il futuro. Si entra così in un ciclo senza fine di analisi che non porta mai a una conclusione soddisfacente. Spesso, il pensiero eccessivo si lega a dubbi incessanti, previsioni catastrofiche o tentativi di controllo su eventi che non possiamo influenzare. Il nostro cervello diventa come una ruota che gira all'infinito, senza mai fermarsi.

Le cause del pensiero eccessivo

Molti fattori possono contribuire al pensiero eccessivo. Alcuni sono strettamente legati alla nostra biologia, mentre altri dipendono dalle esperienze e dalle influenze sociali che abbiamo vissuto. Esploriamo alcune delle principali cause:

1. **Ansia e stress:** Una delle cause più comuni del pensiero eccessivo è l'ansia. Quando siamo ansiosi, la nostra mente è più incline a preoccuparsi costantemente di ciò che potrebbe andare storto. L'ansia ci spinge a fare supposizioni, a concentrarci sugli scenari peggiori e a immaginare tutte le possibili difficoltà. Ogni piccolo problema sembra ingigantirsi, alimentando un circolo vizioso di preoccupazioni.

2. **Insicurezza e bassa autostima:** Quando non ci sentiamo sicuri di noi stessi o delle nostre capacità, tendiamo a rivisitare continuamente le nostre azioni, le nostre

scelte, e le nostre decisioni. Ci chiediamo costantemente se abbiamo fatto la cosa giusta, se gli altri ci giudicheranno, se potremmo aver sbagliato qualcosa. Questo porta alla paralisi decisionale, in cui non si riesce a fare un passo avanti per paura di commettere errori.

3. **Perfezionismo**: Il perfezionismo è un altro terreno fertile per il pensiero eccessivo. Desiderare di fare tutto al meglio porta a una riflessione continua sulle nostre performance, sui nostri comportamenti e sulle nostre azioni. Ogni dettaglio viene analizzato, e il timore di non essere abbastanza bravi o di non riuscire a raggiungere standard irrealistici porta a un aumento del pensiero ossessivo.

4. **Esperienze passate e traumi**: I traumi emotivi e le esperienze passate non risolte possono far emergere pensieri intrusivi. Quando qualcosa nella nostra vita non è stato elaborato correttamente, possiamo rimanere bloccati in un loop mentale che ci riporta continuamente a quel momento doloroso. Ogni situazione che ci ricorda quel trauma riattiva l'emozione e il pensiero legato a quella ferita non guarita.

5. **Fattori biologici e genetici**: A volte, il pensiero eccessivo può essere influenzato da fattori genetici o da disfunzioni nel

nostro cervello. Il nostro cervello ha una naturale tendenza a rispondere a stimoli di stress con una modalità iper-attiva, e questo può portare a un eccesso di analisi e ruminazione mentale.

Gli impatti emotivi del pensiero eccessivo

Il pensiero eccessivo non è solo un'esperienza mentale; ha impatti profondi sul nostro benessere emotivo e psicologico. Quando non gestito correttamente, il pensiero eccessivo può generare una serie di emozioni negative che influenzano ogni aspetto della nostra vita. Ecco alcuni degli effetti principali:

1. **Ansia crescente:** Uno degli impatti più immediati del pensiero eccessivo è l'aumento dell'ansia. Ogni pensiero negativo alimenta una paura crescente, e questa paura può assumere molte forme: paura del futuro, paura del fallimento, paura del giudizio. Ogni piccolo dettaglio diventa motivo di preoccupazione, e la nostra mente è sopraffatta dalla sensazione di non riuscire a controllare nulla.

2. **Stress cronico:** Un altro effetto negativo è lo stress. Quando la mente è costantemente occupata da pensieri che non portano a nulla di concreto, il corpo risponde con una reazione di stress. Il sistema nervoso si

attiva continuamente, portando a tensione muscolare, difficoltà di concentrazione, insonnia e stanchezza mentale. Questo stato di continua allerta crea uno stress cronico che mina la nostra salute mentale e fisica.

3. **Paralisi e indecisione:** Il pensiero eccessivo porta anche a una paralisi decisionale. Quando siamo bombardati da troppi pensieri, è difficile prendere una decisione. Ogni scelta sembra avere dei pro e contro, e la paura di commettere errori diventa schiacciante. Di conseguenza, rimaniamo fermi, incapaci di agire, convinti che ogni mossa possa essere sbagliata.

4. **Bassa autostima e auto-sabotaggio:** Il pensiero eccessivo alimenta il dialogo interno negativo, che minaccia la nostra autostima. Le continue analisi di ciò che abbiamo fatto o detto, insieme alle previsioni catastrofiche, ci fanno sentire inadeguati, incapaci, o non all'altezza. Con il tempo, questo porta a una visione negativa di sé e ad un auto-sabotaggio che impedisce il nostro successo e la nostra felicità.

5. **Depressione:** Quando il pensiero eccessivo si combina con la ruminazione su eventi passati o il timore di un futuro incerto, può evolversi in una condizione di depressione. La mente si concentra su ciò che è andato

storto, su ciò che non è riuscito, su ciò che si teme. Questo continuo concentrarsi sugli aspetti negativi della vita può ridurre la nostra motivazione, facendo sembrare tutto grigio e senza speranza.

Come affrontare il pensiero eccessivo

Ora che abbiamo compreso cosa sia il pensiero eccessivo, le sue cause e i suoi impatti emotivi, è importante affrontarlo. Nella prossima sezione esploreremo tecniche e strategie che ti aiuteranno a ridurre la ruminazione mentale e a riprendere il controllo dei tuoi pensieri. Ogni passo che compirai in questa direzione sarà un piccolo trionfo sulla tua mente e ti porterà più vicino a una vita più serena e consapevole.

Il pensiero eccessivo può sembrare una forza invincibile, ma con la giusta consapevolezza, tecniche pratiche e un cambiamento di prospettiva, è possibile interrompere questo ciclo e vivere una vita più equilibrata e felice. Il cambiamento inizia oggi.

CAPITOLO 2: ANALISI PSICOLOGICA E NEUROSCIENTIFICA DEL PENSIERO ECCESSIVO

Il pensiero eccessivo è un fenomeno che affonda le radici nella psicologia umana e nelle complesse dinamiche del nostro cervello. Mentre ci concentriamo sulla pratica di sconfiggere il pensiero negativo e abbracciare il pensiero positivo, è fondamentale comprendere come la mente funziona, quali meccanismi psicologici ed emotivi sono alla base di questo comportamento e come le neuroscienze ci possano aiutare a cambiare. In questo capitolo, esploreremo questi concetti in profondità, offrendo una visione chiara e articolata di come il pensiero eccessivo influisca su di noi e, soprattutto, come possiamo usarne la comprensione per migliorare la nostra vita.

La Psicologia del Pensiero Eccessivo

Per capire il pensiero eccessivo, è necessario iniziare dal concetto di ruminazione mentale. La ruminazione è una forma di pensiero persistente e ripetitivo che non porta a soluzioni ma si concentra su problemi, errori passati, ansie future o preoccupazioni. Si tratta di un circolo vizioso che sembra non avere fine, che è, purtroppo, intrinseco alla nostra natura umana. Ma perché ci troviamo così spesso intrappolati in questo comportamento?

1. **Paura dell'incertezza e bisogno di controllo:** Come esseri umani, abbiamo una naturale tendenza a cercare il controllo. Questa è una risposta evolutiva che ci ha permesso di sopravvivere in un mondo incerto e pericoloso. Tuttavia, nella vita moderna, molte delle situazioni che viviamo non sono controllabili, eppure la mente continua a cercare soluzioni, risposte e garanzie. Il pensiero eccessivo nasce proprio da questa paura dell'incertezza: la mente si sforza di trovare il controllo su eventi che non possono essere controllati, come il futuro o il comportamento degli altri. Questa paura ci rende più vulnerabili alle preoccupazioni e aumenta l'intensità della ruminazione mentale.

2. **Bisogno di significato e spiegazione:** La nostra mente è progettata per trovare significato nelle cose che ci accadono. Quando qualcosa non è chiaro o ci sembra confuso, il nostro cervello cerca di

collegare i punti, cercando risposte che possano dare un senso a una situazione. Sebbene questo comportamento sia utile in molte circostanze, quando si tratta di eventi emotivi o stressanti, la ricerca incessante di significato può generare un sovraccarico cognitivo. Piuttosto che trovare risposte, la mente finisce per creare domande sempre più complesse, senza mai arrivare a una conclusione soddisfacente.

3. **L'influenza dei pensieri negativi:** La nostra mente è incline a concentrarsi sugli aspetti negativi, un fenomeno noto come "bias negativo". Questo significa che siamo biologicamente predisposti a dare più peso alle esperienze negative che a quelle positive. Questa inclinazione può intensificare la ruminazione, poiché tendiamo a rivisitare ripetutamente i nostri errori, fallimenti e preoccupazioni, ignorando o minimizzando gli aspetti positivi.

La Neuroscienza del Pensiero Eccessivo

Le neuroscienze ci offrono una visione ancora più approfondita su come il pensiero eccessivo si radichi nel nostro cervello. Comprendere come funziona il nostro cervello quando siamo intrappolati in un ciclo di pensieri ripetitivi può offrirci gli strumenti necessari per interromperlo.

1. **Il ruolo della corteccia prefrontale:** La corteccia prefrontale, situata nella parte anteriore del nostro cervello, è la regione coinvolta nel pensiero complesso, nel controllo delle emozioni e nella pianificazione. Quando affrontiamo situazioni di stress o incertezze, la corteccia prefrontale diventa iperattiva. Questo ci permette di analizzare i problemi e di prendere decisioni, ma se l'attività in questa area è troppo intensa, può portare a un processo di pensiero eccessivo. In altre parole, la corteccia prefrontale può iniziare a lavorare in modo "compulsivo", cercando di risolvere problemi che non sono risolvibili nel momento presente.

2. **Il sistema limbico e l'emozione:** Il sistema limbico, che include strutture come l'amigdala e l'ippocampo, è il centro delle emozioni nel nostro cervello. Quando viviamo emozioni forti come paura, ansia o tristezza, il sistema limbico è attivato. La ruminazione mentale spesso si sviluppa quando il sistema limbico entra in modalità di allerta, suscitando emozioni intense che influenzano la nostra capacità di pensare in modo chiaro. L'amigdala, in particolare, è

nota per essere il centro della "reazione di fuga o lotta", che ci spinge a concentrarci su minacce percepite. Questo può portare a un sovraccarico emotivo che alimenta il pensiero eccessivo, impedendoci di trovare una via d'uscita.

3. **La chimica del pensiero eccessivo:** A livello chimico, il pensiero eccessivo è spesso legato a un eccesso di cortisolo, l'ormone dello stress. Il cortisolo è essenziale per le risposte di sopravvivenza, ma un suo livello cronico elevato può interferire con la capacità del cervello di elaborare e regolare le emozioni in modo efficace. Quando i livelli di cortisolo sono alti, la mente diventa più incline a rimanere bloccata in uno stato di allerta, con la sensazione che ogni pensiero debba essere analizzato e ponderato. Questo processo interferisce con la nostra capacità di rilassarci e lasciare andare i pensieri.

La Connessione tra Psicologia e Neuroscienze

Le neuroscienze e la psicologia, pur sembrando due aree separate, sono strettamente legate quando si tratta di pensiero eccessivo. Le strutture cerebrali che gestiscono la nostra reazione emotiva influenzano il nostro stato psicologico, e viceversa. La psicologia ci aiuta a comprendere perché siamo più vulnerabili al pensiero negativo, mentre la neuroscienza ci spiega come il cervello reagisce a questi pensieri. La chiave sta nel migliorare questa connessione, imparando a regolare l'attività cerebrale e a ricalibrare la nostra risposta psicologica.

Come Usare Questa Conoscenza per Sconfiggere il Pensiero Eccessivo

Ora che comprendiamo meglio la psicologia e le neuroscienze dietro il pensiero eccessivo, possiamo applicare questa conoscenza per sviluppare strategie efficaci per interrompere il ciclo di pensieri ripetitivi.

1. **Mindfulness e regolazione emotiva:** Una delle tecniche più potenti è la mindfulness, che insegna a prendere consapevolezza dei propri pensieri senza identificarsi con essi. La mindfulness aiuta a ridurre l'attivazione del sistema limbico, permettendo al cervello di rilassarsi e di prendere distanza dalle emozioni. Con la pratica, possiamo imparare a osservare i pensieri senza lasciarci sopraffare da essi.

2. **Tecniche di rilassamento:** Poiché il pensiero eccessivo è spesso alimentato dallo stress, è cruciale adottare pratiche di rilassamento come la respirazione profonda, la meditazione o lo yoga. Queste tecniche abbassano i livelli di cortisolo e

attivano il sistema nervoso parasimpatico, responsabile della risposta di "riposo e digestione", che contrasta l'effetto dell'ansia.

3. **Ristrutturazione cognitiva:** La ristrutturazione cognitiva è una tecnica terapeutica che permette di identificare e cambiare i pensieri negativi. Imparando a sostituire i pensieri catastrofici con interpretazioni più realistiche e positive, possiamo "allenare" la nostra corteccia prefrontale a diventare più equilibrata e razionale, interrompendo i cicli di pensiero eccessivo.

4. **Esercizio fisico e cura del corpo:** Il corpo e la mente sono inseparabili. L'esercizio fisico non solo migliora la nostra salute fisica, ma ha anche un effetto positivo sulla chimica del cervello, riducendo il cortisolo e stimolando la produzione di endorfine, che migliorano il nostro umore e ci aiutano a sentirci più equilibrati.

Il pensiero eccessivo è un fenomeno complesso che nasce da interazioni tra psicologia e neuroscienze. Comprendere come la nostra mente e il nostro cervello lavorano ci dà il potere di interrompere il ciclo di ruminazione e di riprendere il controllo della nostra vita. In questo capitolo, abbiamo esplorato le radici psicologiche e neuroscientifiche del pensiero eccessivo, e ora sappiamo che la chiave per cambiarlo è l'integrazione di tecniche pratiche che stimolano il nostro cervello in modo sano e produttivo. Con questa consapevolezza, puoi fare il primo passo verso una mente più serena e libera da pensieri incessanti. Il cambiamento è possibile e inizia proprio da te.

CAPITOLO 3: ESERCIZI PER IDENTIFICARE E AFFRONTARE IL PENSIERO NEGATIVO

Il pensiero negativo è spesso il risultato di abitudini mentali radicate, che si sviluppano nel tempo senza che ce ne rendiamo conto. Affrontarlo non significa solo eliminarlo, ma trasformarlo in una forza che ci aiuti a crescere. Attraverso esercizi mirati, puoi imparare a identificare questi pensieri e a gestirli in modo più efficace. Ecco un percorso pratico e stimolante per iniziare.

Il Diario dei Pensieri

Obiettivo:

Riconoscere i pensieri negativi e individuare schemi ricorrenti.

Come fare:

1. Dedica 10-15 minuti ogni giorno per annotare i pensieri negativi che emergono. Puoi farlo alla fine della giornata o subito dopo averli percepiti.
2. Usa una tabella con tre colonne:
3. **Pensiero Negativo:** Cosa hai pensato? Es. "Non sono abbastanza bravo".
4. **Situazione:** Quando e dove è accaduto? Es. Durante una riunione.
5. **Emozione Provata:** Come ti sei sentito? Es. Ansia, frustrazione.

Riflesso:

Dopo una settimana, rileggi le tue annotazioni. Cerca di individuare pattern o situazioni che scatenano questi pensieri.

La Tecnica della Ristrutturazione Cognitiva

Obiettivo:

Trasformare i pensieri negativi in affermazioni costruttive.

Come fare:

1. Scegli un pensiero negativo che hai identificato.
2. Chiediti:
3. "Questo pensiero è basato su fatti o su supposizioni?"
4. "Cosa direi a un amico che ha lo stesso pensiero?"
5. Sostituisci il pensiero con una versione più positiva e realistica. Es. "Non sono abbastanza bravo" diventa: "Sto imparando e migliorerò con il tempo".

Esercizio Pratico:

Scrivi il pensiero originale e la sua ristrutturazione su un foglio. Ripeti la nuova affermazione ogni mattina per una settimana.

Il Metodo delle Tre Domande

Obiettivo:

Mettere in discussione la validità del pensiero negativo.

Come fare:

Quando un pensiero negativo emerge, poniti queste domande:

1. "È davvero vero?"
2. "Quali prove ho a favore e contro questo pensiero?"
3. "Come mi sentirei se non avessi questo pensiero?"

Beneficio:

Questo metodo aiuta a creare una distanza emotiva dai pensieri, riducendo il loro impatto.

La Visualizzazione Positiva

Obiettivo:

Sostituire i pensieri negativi con immagini mentali positive.

Come fare:

- Trova un luogo tranquillo e chiudi gli occhi.
- Immagina una situazione che ti causa pensieri negativi, ma visualizzala con un risultato positivo.
- Per esempio, se temi di fallire un esame, immaginati mentre lo superi con successo e festeggi il risultato.

Frequenza:

Pratica questa visualizzazione ogni giorno per almeno 5 minuti.

Il Riconoscimento delle Emozioni Associate

Obiettivo:

Collegare i pensieri negativi alle emozioni per affrontarli con maggiore consapevolezza.

Come fare:

1. Quando un pensiero negativo emerge, chiudi gli occhi e chiediti: "Cosa sto provando in questo momento?"
2. Identifica l'emozione (es. rabbia, tristezza, paura).
3. Rispondi all'emozione con compassione, ad esempio dicendo: "È normale sentirsi così, ma posso superarlo".

Il Test della Prospettiva

Obiettivo:

Rivalutare l'importanza del pensiero negativo in un contesto più ampio.

Come fare:

- Domandati: "Questo pensiero sarà importante tra una settimana, un mese o un anno?"
- Se la risposta è no, concediti il permesso di lasciarlo andare.
- Immagina di raccontare il tuo pensiero a una persona cara. Come reagirebbe? Ti aiuterà a ridimensionare il problema.

La Gratitudine Attiva

Obiettivo:

Spostare il focus dai pensieri negativi a quelli positivi.

Come fare:

- Ogni sera, scrivi tre cose per cui sei grato nella giornata. Possono essere eventi piccoli o grandi.
- Per ogni punto, chiediti: "Perché è importante per me?"

Beneficio:

Questa pratica aiuta a riequilibrare la percezione della realtà, dando maggiore peso agli aspetti positivi.

Affrontare il pensiero negativo è un processo che richiede impegno e consapevolezza. Ogni esercizio qui proposto è uno strumento per aiutarti a costruire una mente più resiliente e focalizzata sugli aspetti positivi della vita. Non scoraggiarti se i risultati non arrivano subito: ogni passo avanti, per quanto piccolo, è un segno di progresso. Ricorda, sei tu il regista dei tuoi pensieri e hai il potere di trasformarli in un alleato prezioso per la tua crescita personale.

CAPITOLO 4: COS'È IL PENSIERO POSITIVO E IL SUO FUNZIONAMENTO

Il pensiero positivo è uno degli strumenti più potenti che possediamo per migliorare la nostra vita. Tuttavia, non si tratta di un concetto astratto o di un semplice modo di "vedere il bicchiere mezzo pieno". È una vera e propria filosofia di vita che si radica nella nostra percezione di noi stessi, degli altri e del mondo che ci circonda. Il pensiero positivo non significa ignorare i problemi, ma piuttosto affrontarli con una mentalità che ci permette di crescere e di trasformare le difficoltà in opportunità.

In questo capitolo, esploreremo il concetto di pensiero positivo in profondità, comprendendo come funziona, perché è così potente e, soprattutto, come possiamo applicarlo nella nostra vita quotidiana per sconfiggere il pensiero negativo, ridurre l'ansia e lo stress, e vivere una vita più soddisfacente.

Cos'è il Pensiero Positivo?

Il pensiero positivo è la capacità di orientare la nostra mente verso ciò che funziona, ciò che è possibile, ciò che ci motiva a crescere, piuttosto che focalizzarsi su ciò che non va o su ciò che ci limita. Non si tratta di un'illusione ottica o di un eccesso di ottimismo, ma di un approccio equilibrato che vede le difficoltà come sfide e non come ostacoli insormontabili. Il pensiero positivo implica un cambiamento di prospettiva che favorisce una visione costruttiva della vita.

Essere una persona che pensa positivamente non significa essere sempre felici o sempre entusiasti. Anzi, il pensiero positivo ci insegna ad accettare le emozioni negative quando ci sono, senza lasciarci sopraffare. È un esercizio quotidiano che ci permette di rispondere alle sfide della vita con una mente aperta e resiliente.

La Psicologia del Pensiero Positivo

Il pensiero positivo è radicato nella psicologia cognitiva, che si concentra sul modo in cui i nostri pensieri influenzano le emozioni e i comportamenti. Quando impariamo a modificare i nostri pensieri negativi o limitanti, possiamo modificare anche il nostro stato emotivo e il nostro comportamento.

1. **La Legge dell'Attrazione:** Molti sono familiari con il concetto della Legge dell'Attrazione, che suggerisce che i pensieri

positivi attirano esperienze positive. Sebbene questo principio non sia scientificamente provato in maniera diretta, ci sono basi psicologiche solide che lo supportano. Quando adottiamo una mentalità positiva, diventiamo più propensi a cogliere le opportunità, ad affrontare le difficoltà con fiducia e a instaurare relazioni più costruttive. Il nostro atteggiamento mentale diventa una sorta di lente attraverso cui vediamo il mondo, e se quella lente è ottimista, è probabile che troveremo opportunità anche nei momenti di difficoltà.

2. **Ristrutturazione Cognitiva**: Questo processo implica la sostituzione di pensieri negativi e distruttivi con pensieri positivi e funzionali. È una tecnica utilizzata nelle psicoterapie come la CBT (terapia cognitivo-comportamentale), che aiuta a riorientare la mente verso schemi di pensiero più sani e produttivi. Imparare a riconoscere i pensieri automatici negativi e a sostituirli con quelli positivi è un passaggio fondamentale per sconfiggere il pensiero eccessivo.

3. **La Forza della Gratitudine**: La gratitudine è uno degli strumenti più efficaci per alimentare il pensiero positivo. Quando iniziamo a concentrarci su ciò che è buono

nella nostra vita, invece che su ciò che ci manca, cominciamo a vedere il mondo con occhi diversi. La gratitudine ci aiuta a spostare l'attenzione dalle difficoltà ai piccoli successi quotidiani, creando una spirale positiva che rafforza la nostra resilienza mentale.

Il Funzionamento del Pensiero Positivo

Per comprendere appieno come il pensiero positivo possa essere utile, è necessario capire come esso influenzi il nostro cervello e il nostro corpo. Il nostro pensiero non è solo un'attività mentale, ma interagisce continuamente con la nostra fisiologia. Quando pensiamo in modo positivo, il nostro corpo risponde in modi che favoriscono il benessere fisico ed emotivo.

1. **L'effetto delle emozioni positive sul cervello**: Quando pensiamo positivamente, il nostro cervello rilascia sostanze chimiche che favoriscono il benessere, come la dopamina e la serotonina. Questi neurotrasmettitori sono noti per migliorare il nostro umore, aumentare il nostro senso di felicità e ridurre il livello di stress. In sostanza, il pensiero positivo non solo ci rende più felici, ma aiuta anche a ridurre l'attività nelle aree del cervello legate alla paura e all'ansia.

2. **Il ruolo del cervello nella plasticità:** Uno degli aspetti più affascinanti della neuroscienza è la plasticità cerebrale, cioè la capacità del cervello di adattarsi e cambiare nel tempo. Quando pratichiamo il pensiero positivo, stiamo letteralmente "allenando" il nostro cervello a diventare più ottimista e resiliente. Ogni volta che sostituiamo un pensiero negativo con uno positivo, stiamo creando nuove connessioni neurali che favoriscono una visione del mondo più sana e positiva.

3. **Riduzione dello stress:** Il pensiero positivo agisce come una sorta di "scudo" contro lo stress. Quando affrontiamo situazioni stressanti, il nostro corpo attiva il sistema nervoso simpatico, che prepara il corpo alla reazione di "lotta o fuga". Tuttavia, un atteggiamento positivo e ottimista aiuta a ridurre questa risposta, attivando il sistema nervoso parasimpatico, che ci consente di rilassarci e ripristinare un equilibrio fisiologico.

Come Coltivare il Pensiero Positivo

La buona notizia è che il pensiero positivo non è una dote innata, ma una capacità che possiamo sviluppare attraverso l'impegno e la pratica. Di seguito, troverai alcuni suggerimenti pratici che ti aiuteranno a integrare il pensiero positivo nella tua vita quotidiana:

1. **Allenati a riconoscere i tuoi successi:** Spesso ci focalizziamo sugli errori e dimentichiamo i traguardi raggiunti. Prenditi del tempo per riflettere su ciò che hai fatto di positivo ogni giorno. Anche i piccoli successi meritano di essere celebrati, poiché rafforzano la fiducia in te stesso e il pensiero positivo.

2. **Sostituisci il negativo con il positivo:** Ogni volta che un pensiero negativo ti invade, prova a sostituirlo con una frase positiva. Non è necessario forzare il pensiero, ma cerca di riformularlo in modo che ti dia speranza. Ad esempio, invece di pensare "Non ce la farò mai", prova a dirti "Posso farcela, passo dopo passo".

3. **Crea una routine di gratitudine:** Ogni giorno, dedica qualche minuto a riflettere su ciò che sei grato. Può essere utile scrivere una lista di cose che ti hanno dato gioia, anche nelle piccole cose. La gratitudine è una delle chiavi per alimentare il pensiero positivo e ridurre il focus sulle difficoltà.

4. **Circondati di positività:** Le persone con cui trascorri il tuo tempo influenzano enormemente il tuo stato mentale. Cerca di circondarti di persone che ti supportano e ti

ispirano a pensare in modo positivo. Allo stesso modo, scegli di esporre te stesso a contenuti che promuovano la crescita personale, l'ottimismo e la motivazione.

5. **Affronta le sfide con un mindset di crescita**: Ogni difficoltà che affronti può diventare una lezione di crescita. Invece di focalizzarti sul fallimento, cerca di vedere ogni sfida come un'opportunità per imparare e migliorare. Adotta la mentalità di crescita, che ti permette di sviluppare competenze e resilienza, anche nelle situazioni più difficili.

Il pensiero positivo non è una panacea, ma è uno strumento potente che può cambiare radicalmente il nostro modo di vivere. È un'abilità che, come qualsiasi altra, si sviluppa con la pratica e l'impegno. Imparare a pensare positivamente significa scegliere di vedere il mondo con occhi diversi, di accogliere le sfide come opportunità e di affrontare le difficoltà con la convinzione che possiamo superarle. Se riesci ad adottare questo approccio nella tua vita quotidiana, ti accorgerai che, passo dopo passo, comincerai a liberarti dal peso del pensiero eccessivo, dell'ansia e dello stress, sostituendoli con un senso di calma e fiducia. Il cambiamento parte da te, e ogni piccolo passo che compi nella direzione del pensiero positivo ti avvicina a una vita più serena e soddisfacente.

CAPITOLO 5: CONNESSIONE CON EMOZIONI E CONSAPEVOLEZZA

Uno degli aspetti più potenti nella lotta contro il pensiero eccessivo, l'ansia e lo stress è imparare a entrare in contatto profondo con le nostre emozioni e sviluppare una consapevolezza autentica di ciò che accade dentro di noi. Spesso, ci troviamo a vivere in modo superficiale, scivolando da un pensiero all'altro senza mai fermarci a comprendere realmente le emozioni che ci guidano. Questo distacco dalle emozioni, seppur necessario in alcuni momenti per proteggersi, può diventare una barriera che ci impedisce di vivere pienamente e serenamente.

In questo capitolo, ti guiderò attraverso il processo di connessione con le tue emozioni e come sviluppare una consapevolezza che ti permetta non solo di liberarti dal pensiero ossessivo, ma anche di affrontare le sfide della vita con una mente più calma, chiara e resiliente. Sarà un percorso di auto-scoperta, in cui imparerai ad ascoltarti senza giudicarti, ad accogliere le tue emozioni senza temerle, e a trasformare il caos mentale in serenità e chiarezza.

Il Ruolo delle Emozioni nel Pensiero Eccessivo

Le emozioni sono un linguaggio che il nostro corpo e la nostra mente usano per comunicare con noi. Ogni emozione ha un messaggio, spesso legato a un bisogno o a una paura. Tuttavia, nella vita quotidiana, siamo così presi dalle mille preoccupazioni che non ci fermiamo a capire cosa stiamo realmente sentendo. Il risultato? Le emozioni non espresse o non comprese finiscono per alimentare il circolo vizioso del pensiero eccessivo.

Quando non affrontiamo un'emozione, essa tende a crescere in intensità e a riversarsi sotto forma di pensieri ossessivi. Ad esempio, la paura può trasformarsi in ansia, la tristezza in disperazione, e la frustrazione in rabbia incontenibile. Ogni pensiero che non viene riconosciuto per ciò che è – un'emozione che ha bisogno di essere ascoltata e compresa – diventa un mattone che costruisce il castello della nostra ansia.

Imparare a entrare in contatto con le tue emozioni ti permette di interrompere questo ciclo. Quando riconosci ciò che stai sentendo, puoi affrontarlo con maggiore consapevolezza, evitando che l'emozione prenda il controllo e inneschi un flusso di pensieri senza fine.

Cos'è la Consapevolezza e Come Ci Aiuta?

La consapevolezza, o *mindfulness*, è la pratica di essere completamente presenti nel momento, senza giudicare o cercare di cambiare ciò che accade dentro o intorno a noi. Si tratta di un processo di osservazione che non implica alcuna forma di critica o interpretazione, ma piuttosto una semplice osservazione di ciò che emerge nel nostro mondo interiore.

Quando sviluppiamo la consapevolezza, impariamo a riconoscere i pensieri e le emozioni come qualcosa di separato da noi. Non sono noi. Sono semplicemente esperienze temporanee che emergono e svaniscono. Questo cambia tutto. Non più vittime dei nostri pensieri, ma osservatori consapevoli che possono scegliere come reagire. Questo approccio consente di vivere con maggiore serenità, riducendo notevolmente l'intensità del pensiero eccessivo.

La Connessione tra Pensieri ed Emozioni

Immagina di essere seduto in un parco, rilassato, quando improvvisamente un pensiero negativo ti attraversa la mente: "Non riuscirò mai a superare questo problema." Subito dopo, senti una pressione al petto, la tua respirazione diventa più corta e il tuo battito cardiaco accelera. La connessione tra il pensiero e l'emozione è immediata.

Quando ci colleghiamo alle emozioni attraverso la consapevolezza, ci rendiamo conto di quanto i pensieri possano influenzare il nostro stato fisico e viceversa. Le emozioni non sono solo sensazioni che emergono dentro di noi, ma risposte fisiche al nostro modo di pensare. Il corpo e la mente sono un sistema interconnesso, dove pensieri, emozioni e reazioni fisiche si influenzano reciprocamente.

Ecco dove il pensiero positivo, se abbinato a una consapevolezza emotiva, diventa un potente strumento di cambiamento. Imparando a riconoscere quando un pensiero negativo sta influenzando il nostro corpo e le nostre emozioni, possiamo intervenire prontamente per cambiare la nostra prospettiva, ripristinando il nostro equilibrio mentale e fisico.

Come Connettersi con le Proprie Emozioni

Ora che comprendiamo l'importanza della connessione con le emozioni, vediamo come possiamo fare il primo passo verso questa consapevolezza. Ecco alcune tecniche pratiche che ti aiuteranno a sviluppare una connessione più profonda con te stesso:

1. **Il Diario Emotivo:** Una delle pratiche più potenti per comprendere meglio le proprie emozioni è scrivere. Ogni giorno, dedica qualche minuto a scrivere ciò che hai provato durante la giornata. Non preoccuparti di fare una descrizione perfetta o di giudicare le tue emozioni, ma lascia fluire i pensieri liberamente. Chiediti:

Cosa ho sentito oggi? Perché? Come ha reagito il mio corpo a queste emozioni? Il diario ti aiuta a diventare consapevole di modelli emotivi ricorrenti e a prendere il controllo delle tue reazioni.

2. **La Pratica del Respiro Consapevole:** Quando ti senti sopraffatto dalle emozioni o dai pensieri, fermati per un momento e concentrati sul tuo respiro. Fai qualche respiro profondo, portando l'attenzione alla sensazione dell'aria che entra e esce dal tuo corpo. Questo semplice esercizio ti permette di ancorarti al presente, interrompendo il flusso di pensieri automatici e dando spazio all'emozione senza identificarti con essa.

3. **Riconoscere le Emozioni Senza Giudizio:** Molto spesso, quando proviamo emozioni negative, tendiamo a giudicarle come "sbagliate" o "da evitare". Tuttavia, tutte le emozioni sono valide e hanno un ruolo importante. Piuttosto che respingerle, prova ad accoglierle con gentilezza. Se senti paura, riconosci: *Sto provando paura.* Se senti tristezza, riconosci: *Sto provando tristezza.* Accogli queste emozioni senza cercare di cambiarle immediatamente. Il semplice atto di riconoscerle ti permette di creare uno spazio in cui esse non possano dominarti.

4. **Meditazione e Mindfulness:** La meditazione è un'ottima pratica per entrare

in contatto con le proprie emozioni in modo non giudicante. Durante la meditazione, permetti a qualsiasi emozione di emergere senza cercare di modificarla. Concentrati sul respiro e osserva i pensieri e le emozioni che sorgono. Con il tempo, questa pratica ti aiuterà a sviluppare una consapevolezza più profonda di te stesso e a ridurre il pensiero eccessivo.

La Consapevolezza Emotiva come Strumento di Guarigione

Una volta che inizi a riconoscere e comprendere le tue emozioni, puoi usarle come un potente strumento di crescita. Ogni emozione, anche quelle che inizialmente ci sembrano negative o difficili da affrontare, porta con sé informazioni preziose. Se impariamo a esplorarle senza paura, possiamo utilizzarle per fare scelte più consapevoli, affrontare i problemi con una mente più calma e vivere una vita più autentica.

Quando impari a connetterti con le tue emozioni, smetti di esserne schiavo. Invece di essere trascinato dai tuoi pensieri e sentimenti, puoi imparare a rispondere con consapevolezza, accettazione e un senso di controllo. In questo modo, non solo riduci lo stress e l'ansia, ma costruisci anche una vita emotivamente più sana, equilibrata e soddisfacente.

La connessione con le emozioni e la consapevolezza

non sono semplici strumenti per ridurre lo stress, ma vere e proprie pratiche di crescita personale che ti permettono di vivere con maggiore autenticità e serenità. Imparare ad ascoltare e ad accogliere le tue emozioni è un viaggio che richiede tempo, ma che ti ripagherà con una vita più equilibrata e soddisfacente. Ogni passo che compi verso una maggiore consapevolezza ti avvicina a una versione di te stesso che sa affrontare le difficoltà senza farsi travolgere, che sa trasformare il pensiero eccessivo in chiarezza, e che è in grado di vivere ogni momento con piena presenza e tranquillità.

CAPITOLO 6: TECNICHE PRATICHE: GRATITUDINE E RISCRITTURA DEI PENSIERI

La gratitudine e la riscrittura dei pensieri sono strumenti potenti per affrontare il pensiero eccessivo e trasformare la tua visione della vita. Non si tratta solo di concetti astratti, ma di pratiche concrete che, se integrate nella tua routine quotidiana, possono portare a un cambiamento profondo e duraturo.

Il Potere della Gratitudine

La gratitudine è molto più di un semplice "grazia" detto con leggerezza. È una pratica intenzionale che ci aiuta a focalizzarci su ciò che di positivo esiste nella nostra vita, riducendo l'attenzione su ciò che manca o su pensieri negativi. Numerosi studi dimostrano che coltivare la gratitudine migliora la salute mentale, aumenta la resilienza e favorisce una maggiore soddisfazione di vita.

Come Praticare la Gratitudine

1. **Il Diario della Gratitudine:** Ogni sera, prima di andare a dormire, dedica cinque minuti a scrivere tre cose per cui sei grato nella giornata. Possono essere eventi importanti o piccoli momenti di gioia, come un sorriso ricevuto o una passeggiata all'aria aperta.

2. **Riconoscere il Positivo nelle Sfide:** Anche nelle situazioni difficili, prova a individuare un elemento positivo. Ad esempio, una discussione può averti aiutato a chiarire un malinteso, o una sfida lavorativa può averti insegnato una nuova competenza.

3. **Espressioni di Gratitudine:** Ogni giorno, scegli una persona e ringraziala per qualcosa. Può essere un messaggio, una chiamata o un gesto semplice, come un abbraccio. Esprimere gratitudine non solo rafforza i rapporti, ma ti aiuta anche a sentirti più connesso agli altri.

4. **Meditazione sulla Gratitudine:** Dedica cinque minuti al giorno a una meditazione focalizzata sulla gratitudine. Chiudi gli occhi, respira profondamente e porta alla mente le cose che apprezzi della tua vita. Immagina di riempire il tuo cuore di questa sensazione.

Praticare la gratitudine non cancellerà i problemi, ma ti aiuterà a guardarli da una prospettiva più equilibrata e a ridurre l'impulso del pensiero eccessivo.

La Riscrittura dei Pensieri

Spesso, il pensiero eccessivo nasce da convinzioni negative e distorte che si ripetono nella nostra mente come un disco rotto. La riscrittura dei pensieri è un processo che ti permette di sfidare queste convinzioni e sostituirle con pensieri più realistici e positivi.

I Passi per Riscrivere i Pensieri

1. Riconosci i Pensieri Negativi:

Inizia identificando i pensieri che ti causano stress o ansia. Spesso, questi pensieri sono automatici e passano inosservati, ma puoi individuarli ponendoti domande come: *"Cosa mi sta preoccupando in questo momento?"* o *"Qual è la frase che continuo a ripetermi?"*

2. Metti in Discussione il Pensiero:

Una volta individuato un pensiero negativo, chiediti se è realmente vero. Usa domande come:

- *È basato su fatti o su supposizioni?*
- *Cosa direi a un amico che ha questo stesso pensiero?*

- *Esiste un'altra prospettiva che non sto considerando?*

3. Sostituisci il Pensiero:

Trasforma il pensiero negativo in una versione più equilibrata e costruttiva. Ad esempio:

- Pensiero negativo: *"Non sono capace di fare niente di giusto."*
- Pensiero riscritto: *"Sto imparando e migliorando con ogni esperienza."*

4. Conferma con Azioni:

Rinforza i nuovi pensieri attraverso azioni concrete. Se hai riscritto il pensiero *"Non sono bravo a parlare in pubblico"* in *"Posso migliorare con la pratica"*, impegnati in attività che ti aiutino a esercitarti, come partecipare a incontri o corsi di formazione.

5. Ripeti e Rinforza:

La riscrittura dei pensieri è una pratica continua. Più la ripeti, più diventa un'abitudine. Ogni volta che noti un pensiero negativo, cogli l'opportunità di riscriverlo.

Strumenti Utili per la Riscrittura

- **Il Quaderno dei Pensieri:** Tieni un quaderno dove annoti i pensieri negativi, li metti in discussione e scrivi la loro versione riscritta.
- **Esercizi di Riflessione Guidata:** Dedica qualche minuto ogni giorno a riflettere su come affrontare i pensieri negativi e trasformarli in opportunità di crescita personale.
- **Tecniche di Visualizzazione:** Immagina di cancellare i pensieri negativi come si cancella una scritta sulla lavagna e di riscriverli con una frase positiva.

Creare un Circolo Virtuoso

La combinazione della gratitudine e della riscrittura dei pensieri crea un circolo virtuoso. La gratitudine ti aiuta a focalizzarti sugli aspetti positivi, mentre la riscrittura ti permette di affrontare e trasformare i pensieri negativi. Insieme, queste tecniche ti aiutano a coltivare una mente più serena e resiliente.

Ricorda, il cambiamento richiede tempo e costanza. Non giudicarti se all'inizio trovi difficile applicare queste tecniche. Ogni piccolo passo che fai verso una mentalità più positiva è un grande passo verso il tuo benessere complessivo. Sei sulla strada giusta, continua così!

CAPITOLO 7: CORPO E MENTE: LA CONNESSIONE E L'INFLUENZA RECIPROCA

Quando pensiamo al nostro benessere, spesso ci concentriamo su uno degli aspetti in modo isolato: la mente o il corpo. Tuttavia, il segreto per superare il pensiero eccessivo e l'ansia non risiede nel trattare la mente come qualcosa di separato dal corpo, ma nel comprendere la potente connessione che esiste tra i due. La nostra mente e il nostro corpo sono in realtà intrinsecamente legati, e ciò che accade in uno ha un impatto diretto sull'altro. La consapevolezza di questa connessione può essere la chiave per ridurre lo stress, migliorare la nostra salute mentale e fisica, e liberarsi dal ciclo del pensiero negativo.

In questo capitolo, esploreremo come corpo e mente influenzano reciprocamente le nostre esperienze, e ti guiderò attraverso tecniche pratiche per migliorare il benessere di entrambi. Il nostro obiettivo è riconoscere che il corpo non è solo la sede delle nostre emozioni, ma anche uno strumento potente per calmare la mente e ridurre il pensiero eccessivo.

La Mente che Influenza il Corpo

Ogni pensiero che attraversa la nostra mente ha un impatto sul nostro corpo. Quando siamo stressati, ansiosi o preoccupati, non sono solo i nostri pensieri a essere coinvolti, ma anche il nostro corpo. La mente invia segnali al corpo, e il corpo risponde di conseguenza. Pensaci per un momento: hai mai notato come la tua postura cambi quando sei stressato o ansioso? O come la tua respirazione diventa superficiale e irregolare? Questo è il corpo che risponde ai segnali della mente.

L'ansia, ad esempio, può causare una serie di reazioni fisiche come tensione muscolare, mal di testa, battito cardiaco accelerato e respiro corto. Questi sintomi fisici, a loro volta, alimentano i pensieri ansiosi, creando un circolo vizioso difficile da interrompere. È come se il corpo e la mente si rincorressero l'un l'altro, aumentando la sensazione di disagio.

Un altro esempio di come la mente influenza il corpo è l'effetto che i pensieri negativi hanno sul nostro sistema immunitario. Studi scientifici hanno dimostrato che il pensiero costantemente negativo o catastrofico può indebolire il sistema immunitario, aumentare il rischio di malattie e persino rallentare il processo di guarigione. Questo ci dice chiaramente che ciò che pensiamo ha un impatto diretto sulla nostra salute fisica.

Il Corpo che Influenza la Mente

Meno spesso ci concentriamo su come il corpo influenzi la mente, ma la realtà è che il nostro corpo ha un potere incredibile nel determinare come ci sentiamo e come pensiamo. La postura, la respirazione, l'attività fisica e la cura del corpo sono tutte pratiche che possono modificare profondamente il nostro stato mentale.

Quando siamo stressati o ansiosi, il nostro corpo tende a irrigidirsi. I muscoli si contraggono, la postura diventa chiusa, e la respirazione diventa superficiale. Tuttavia, intervenire sul corpo può cambiare immediatamente il nostro stato emotivo. Un semplice cambiamento nella postura, ad esempio, può avere un impatto profondo sulla nostra percezione di noi stessi e sulla nostra capacità di pensare in modo positivo. La posizione eretta e aperta non solo migliora la nostra autostima, ma invia anche segnali positivi al nostro cervello, che interpreta questa postura come un segno di fiducia.

La respirazione è un altro potente strumento per influenzare la mente. Quando impariamo a respirare profondamente e lentamente, possiamo calmare il sistema nervoso e ridurre la risposta di lotta o fuga che scatta quando siamo sotto stress. La respirazione diaframmatica, ad esempio, è una tecnica che attiva il sistema nervoso parasimpatico, che induce il corpo a rilassarsi, abbassando la frequenza cardiaca e riducendo il livello di ansia. Praticare la respirazione consapevole diventa, così, un modo per "riprogrammare" la risposta fisica del corpo alla mente stressata.

Tecniche per Riconnettere Corpo e Mente

Ora che comprendiamo l'interconnessione tra corpo e mente, vediamo alcune tecniche che puoi utilizzare per ristabilire un equilibrio sano tra i due e ridurre il pensiero eccessivo.

1. Consapevolezza Corporea

Prestare attenzione alle sensazioni fisiche è uno strumento potente per interrompere il flusso di pensieri negativi e ristabilire un contatto con il presente, riportando la mente a uno stato di calma e chiarezza. Puoi praticare un semplice esercizio di consapevolezza corporea: siediti in un luogo tranquillo, in una posizione comoda, e concentrati lentamente su ogni parte del corpo, iniziando dalle dita dei piedi e risalendo gradualmente fino alla testa. Nota con attenzione ogni sensazione, che si tratti di calore, formicolio, tensione o rilassamento, senza giudicare o cercare di modificarle.

Questo esercizio ti permette di osservare come le emozioni si manifestano fisicamente nel corpo, offrendoti un'opportunità concreta per prendere consapevolezza e agire in modo più equilibrato rispetto ai tuoi stati emotivi.

2. Esercizio Fisico Regolare

L'attività fisica è uno degli strumenti più potenti per alleviare lo stress, migliorare l'umore e ridurre il pensiero eccessivo. L'esercizio fisico regolare stimola la produzione di endorfine, i neurotrasmettitori "del benessere", che migliorano l'umore e riducono l'ansia. Inoltre, l'esercizio aiuta a sciogliere le tensioni muscolari accumulate durante periodi di stress.

Non è necessario impegnarsi in allenamenti intensi o in attività che ti sembrano troppo difficili. Camminare all'aperto, fare yoga o fare stretching possono essere modi eccellenti per rilassare il corpo e la mente, interrompendo il circolo vizioso del pensiero ossessivo.

3. Tecniche di Respirazione Consapevole

La respirazione consapevole è uno strumento estremamente efficace per ridurre lo stress e il pensiero negativo. Come accennato in precedenza, la respirazione profonda stimola il sistema nervoso parasimpatico, il che ti aiuta a rilassarti e a ridurre la reazione di "lotta o fuga".

Prova questo esercizio di respirazione profonda: inspira lentamente per quattro secondi, trattieni il respiro per quattro secondi, poi espira lentamente per sei secondi. Ripeti per 5-10 minuti. Durante l'esercizio, concentrati esclusivamente sulla sensazione del respiro che entra ed esce dal corpo, cercando di liberare la mente dai pensieri negativi.

4. Massaggi e Rilassamento Muscolare

Un altro modo per riconnetterti con il corpo è attraverso il rilassamento muscolare progressivo o i massaggi. Quando il corpo accumula stress, i muscoli tendono a diventare rigidi. Il rilassamento muscolare progressivo è una tecnica che consiste nel contrarre e rilassare progressivamente ogni gruppo muscolare, partendo dai piedi e salendo fino alla testa. Questo esercizio aiuta a rilasciare la tensione e a calmare la mente.

Se possibile, concediti un massaggio, che può aiutarti a rilassare le aree di tensione nel corpo e promuovere un profondo senso di benessere.

Concludere il Ciclo di Stress: Corpo e Mente in Armonia

La chiave per rompere il ciclo del pensiero eccessivo, dell'ansia e dello stress è comprendere che il corpo e la mente sono due facce della stessa medaglia. Quando impariamo a prenderci cura di entrambi, possiamo ottenere risultati straordinari nel migliorare il nostro stato emotivo e mentale.

Non si tratta solo di allenare la mente a pensare positivamente o di cercare di ridurre lo stress a livello fisico: si tratta di creare un'armonia tra corpo e mente che ci consenta di affrontare la vita con serenità, chiarezza e forza interiore. Quando corpo e mente sono in sintonia, il pensiero eccessivo perde il suo potere, e ci ritroviamo più presenti, più consapevoli e più capaci di affrontare le sfide quotidiane con calma e lucidità.

Inizia a integrare queste pratiche nella tua vita quotidiana, con pazienza e consapevolezza. Ogni piccolo passo che fai verso un corpo e una mente più equilibrati è un passo verso una vita più sana e più felice. Non smettere mai di investire nel tuo benessere totale, perché quando corpo e mente sono in armonia, sei libero di vivere nel momento presente, senza essere sopraffatto dai pensieri che ti trattengono.

CAPITOLO 8: TECNICHE FISICHE PER RIDURRE LO STRESS MENTALE

Quando ci troviamo sopraffatti dai pensieri, dall'ansia e dal stress mentale, una delle prime cose che possiamo fare per interrompere questo circolo vizioso è guardare al nostro corpo. Sì, il corpo è una risorsa straordinaria che, se ascoltata e gestita nel modo giusto, può aiutarci a ristabilire l'equilibrio emotivo e mentale. Le tecniche fisiche, come la respirazione consapevole, il rilassamento muscolare e lo yoga, sono strumenti potentissimi che ci permettono di "radicarci" nel presente, liberandoci dalla morsa dei pensieri che ci tormentano.

In questo capitolo esploreremo come queste pratiche possano diventare alleate fondamentali nella lotta contro il pensiero eccessivo e l'ansia. Non sono soluzioni magiche che risolvono tutto all'improvviso, ma con l'impegno costante e una consapevole applicazione, possono portare benefici tangibili nella gestione dello stress mentale.

La Potenza della Respirazione: Rallenta la Mente, Rilassa il Corpo

Il nostro corpo e la nostra mente sono collegati in modo profondo, e la respirazione è uno degli strumenti più immediati ed efficaci per influenzare entrambi. Quando siamo stressati o ansiosi, tendiamo a respirare in modo superficiale, accelerato e irregolare. Questo tipo di respirazione, a sua volta, attiva il sistema nervoso simpatico, che è responsabile della nostra risposta "lotta o fuga". È il nostro corpo che, senza che ce ne accorgiamo, si prepara ad affrontare una minaccia, anche se quella minaccia è solo un pensiero che ci preoccupa.

Inseguiamo la calma iniziando a cambiare la nostra respirazione. Impara a respirare consapevolmente: inspira profondamente attraverso il naso, permettendo che il respiro arrivi fino al basso ventre, trattieni per qualche secondo e poi espira lentamente attraverso la bocca, cercando di fare uscire tutto l'aria. Quando pratichi questa respirazione profonda, il tuo corpo invia segnali al cervello che non c'è pericolo, e questo permette al sistema nervoso di calmarsi.

Ecco un semplice esercizio di respirazione che puoi fare ovunque, in qualsiasi momento, per ridurre lo stress e interrompere il flusso di pensieri:

1. **Trova una posizione comoda**, seduto o in piedi, con la schiena dritta.

2. **Chiudi gli occhi** per concentrarti meglio sulla respirazione.

3. **Inizia a respirare lentamente:** inspira contando fino a 4, trattieni per 4, ed espira contando fino a 6.

4. **Ripeti per 5-10 minuti**, concentrandoti solo sul respiro, cercando di liberare la mente da ogni pensiero.

Questo esercizio, praticato regolarmente, ti aiuterà a calmarlo, ridurre i sintomi fisici dello stress (come il battito cardiaco accelerato) e ti aiuterà a sviluppare una maggiore consapevolezza di te stesso, permettendoti di affrontare le difficoltà quotidiane con maggiore lucidità.

Rilassamento Muscolare: Liberarsi dalla Tensione Fisica per Svuotare la Mente

Quando siamo stressati o ansiosi, il nostro corpo tende a trattenere la tensione. Le spalle si irrigidiscono, la mandibola si stringe, i muscoli diventano tesi. Senza rendercene conto, portiamo questa tensione fisica in ogni aspetto della nostra vita. La buona notizia è che possiamo "rilassare" il nostro corpo volontariamente, e questo aiuta la mente a fare lo stesso.

Il **rilassamento muscolare progressivo (PMR)** è una tecnica sviluppata dal medico americano Edmund Jacobson negli anni '30, che consiste nel contrarre e poi rilasciare ogni gruppo muscolare del corpo, in modo da favorire un profondo stato di rilassamento fisico e mentale.

Prova questo esercizio passo dopo passo:

1. Siediti in un posto tranquillo e rilassato.
2. Chiudi gli occhi e concentrati sul tuo respiro.
3. Parti dai piedi. Inspira e, mentre inspiri, contrai i muscoli dei piedi per 5-10 secondi. Poi, espira e lascia che i muscoli si rilassino completamente.
4. Salta ai polpacci, contrai i muscoli per 5-10 secondi, poi rilassa.
5. Continua salendo verso le gambe, l'addome, il torace, le braccia, la testa e il viso. In ogni zona, prima contrai i muscoli e poi rilassali, cercando di percepire come la tensione lascia il corpo.
6. Alla fine, prendi un momento per sentire la sensazione di rilassamento che si è diffusa in tutto il corpo.

Il rilassamento muscolare progressivo aiuta a ridurre la tensione, ma anche a interrompere il circolo vizioso dei pensieri ansiosi. La tensione fisica alimenta la tensione mentale e viceversa. Quando sciogliamo i muscoli, la mente trova spazio per respirare e per liberarsi dalle preoccupazioni.

Yoga: Il Ponte tra Corpo e Mente

Lo yoga è una disciplina che, in modo profondo, integra il corpo, la mente e il respiro. Non è solo una serie di posizioni fisiche, ma un vero e proprio strumento di trasformazione che aiuta a sviluppare la consapevolezza, a ridurre lo stress e a migliorare la salute mentale. Molte persone si avvicinano allo yoga cercando di migliorare la flessibilità o di rilassarsi, ma i benefici vanno ben oltre. Lo yoga aiuta a entrare in contatto con il nostro corpo, a imparare a respirare consapevolmente e a diventare più presenti nel momento.

Le posizioni yoga, o asana, sono pensate per aprire il corpo e liberarlo dalle tensioni accumulate. Inoltre, il movimento fisico sincronizzato con la respirazione aiuta a rilassare la mente e ad allontanare i pensieri incessanti.

Ecco alcune posizioni di yoga che puoi provare per ridurre lo stress mentale e favorire un maggiore rilassamento:

1. **Posizione del bambino (Balasana):** Questa posizione aiuta a rilassare la schiena e a calmare la mente. Mettiti a terra a ginocchia, con i piedi uniti e le ginocchia leggermente divaricate. Appoggia la fronte al pavimento e allunga le braccia in avanti.

2. **Posizione del cane a testa in giù (Adho Mukha Svanasana):** Con le mani e i piedi a

terra, solleva i fianchi verso l'alto formando una "V" invertita. Questa posizione apre la parte superiore del corpo, rilassa la colonna vertebrale e stimola la circolazione sanguigna.

3. **Posizione della montagna (Tadasana):** In piedi, con i piedi paralleli e le braccia lungo i fianchi, concentrati sulla tua respirazione e sulla sensazione di stabilità che questa posizione ti dona. Questa posizione ti aiuta a radicarti nel presente e a sviluppare una sensazione di centratura.

4. **Posizione del loto (Padmasana):** Siediti in posizione comoda, incrocia le gambe e concentrati sul respiro. Questa posizione favorisce la meditazione e la calma interiore.

Se non hai esperienza con lo yoga, inizia con pochi minuti al giorno e aumenta gradualmente la durata. Esplora la connessione tra il tuo respiro, il movimento e la consapevolezza, e scopri come il corpo possa diventare un mezzo potente per liberare la mente dal caos dei pensieri.

Integrare Queste Tecniche nella Tua Vita Quotidiana

Le tecniche fisiche per ridurre lo stress mentale non devono essere praticate solo quando ti senti sopraffatto, ma dovrebbero diventare parte della tua routine quotidiana. Puoi iniziare con brevi sessioni di respirazione consapevole o rilassamento muscolare ogni mattina, per preparare la mente a una giornata più serena. Oppure, prova a dedicare 20 minuti al giorno a praticare yoga, per migliorare la tua postura, il respiro e la connessione corpo-mente.

Ricorda che la chiave per ottenere risultati è la costanza. Non aspettarti cambiamenti immediati, ma sappi che ogni pratica ti porta più vicino a una mente più calma e a un corpo più rilassato. Col tempo, imparerai a gestire lo stress in modo naturale, con maggiore serenità e consapevolezza. Le tecniche fisiche sono strumenti che ti aiuteranno a rompere il ciclo di pensieri incessanti e ti guideranno verso una vita più equilibrata e centrata.

Affronta ogni giorno come una nuova opportunità per nutrire il tuo corpo e la tua mente, e ricorda che ogni piccolo passo che fai verso il benessere è un passo verso una vita libera dalla schiavitù del pensiero eccessivo.

CAPITOLO 9: INTRODUZIONE ALLA MINDFULNESS E MEDITAZIONE

Se ti senti sopraffatto dai tuoi pensieri, dalla costante preoccupazione e dall'ansia che ti impediscono di vivere pienamente, questo capitolo è il primo passo per aiutarti a fare un cambio radicale. Sappi che non sei solo in questo percorso; molte persone, come te, affrontano una continua lotta con la mente che non si ferma mai. Ma la buona notizia è che, con le giuste tecniche e la giusta mentalità, è possibile interrompere questo ciclo e trovare finalmente la calma interiore.

La mindfulness e la meditazione sono strumenti incredibilmente potenti che, se praticati regolarmente, possono trasformare il modo in cui interagisci con il mondo e con te stesso. Sono pratiche che ti permettono di liberarti dalla prigione dei pensieri incessanti e di riportarti al presente, dove davvero vive la tua tranquillità. In questo capitolo, ti guiderò attraverso una comprensione profonda di entrambe queste pratiche, così che tu possa iniziare a integrarle nella tua vita quotidiana con fiducia e consapevolezza.

Cos'è la Mindfulness? Vivere nel Qui e Ora

La mindfulness (o consapevolezza) è l'arte di portare la tua attenzione al momento presente, senza giudicare ciò che accade, ma semplicemente accogliendo ogni esperienza con apertura e curiosità. In pratica, significa essere completamente "qui" in ogni momento della tua vita, senza lasciarti distrarre da pensieri sul passato o preoccupazioni sul futuro.

Immagina di camminare per strada: mentre i tuoi piedi toccano il suolo, senti il vento che accarezza la tua pelle, percepisci i suoni attorno a te e l'aria che respiri. Quando sei veramente consapevole di questi dettagli, la tua mente smette di vagare in un turbinio di pensieri. La mindfulness ti invita a sperimentare la vita senza filtri, senza farla passare attraverso il giudizio o le etichette. Questo significa che non devi essere sempre in modalità "performante" o cercare di risolvere ogni problema che ti passa per la testa.

La chiave della mindfulness è proprio l'accettazione. Accettare che i pensieri vengano e vadano, senza attaccarvisi. Quando pratichi la mindfulness, impari a osservare i tuoi pensieri con la stessa distanza di chi osserva nuvole che passano nel cielo: non sei i tuoi pensieri, tu sei colui che li osserva. Imparando a vivere nel presente, inizi a capire che le tue preoccupazioni future non sono altro che illusioni create dalla tua mente, e che il momento che stai vivendo ora è il solo che conta veramente.

La Meditazione: Un Viaggio Interiore

La meditazione è una pratica che ti aiuta a coltivare la mindfulness in modo ancora più profondo. Non si tratta solo di sedersi in silenzio; è un vero e proprio viaggio dentro te stesso. La meditazione ti permette di connetterti con la tua essenza, di fermare il flusso incessante dei pensieri e di accedere a uno stato di calma e consapevolezza.

Esistono diversi tipi di meditazione, ma tutti hanno un obiettivo comune: quello di allenare la mente a diventare più stabile, concentrata e calma. Quando mediti, impari a non essere sopraffatto dai pensieri che entrano nella tua mente. Non li respingi, ma li osservi, come se fossi un spettatore che guarda il flusso del fiume della mente. Ogni volta che un pensiero ti distrai, puoi gentilmente riportare la tua attenzione al respiro, all'oggetto di meditazione o a un mantra, e questo ti aiuterà a tornare al centro.

Inizia la tua pratica di meditazione con sessioni brevi. Non cercare la perfezione; il solo fatto di meditare è già un successo. Ogni volta che ti accorgi di aver perso la concentrazione, accogli il momento senza frustrazione. La meditazione non riguarda l'assenza di pensieri, ma la tua capacità di rispondere ai pensieri in modo diverso: con maggiore consapevolezza, senza esserne sopraffatto.

Come Iniziare con la Mindfulness e la Meditazione

Iniziare con la mindfulness e la meditazione può sembrare complicato, ma in realtà è più semplice di quanto pensi. Qui ti propongo alcuni suggerimenti pratici per integrare queste pratiche nella tua vita quotidiana, anche se hai una vita frenetica e piena di impegni.

1. **Inizia con piccoli passi:** Non devi diventare un esperto in pochi giorni. Puoi iniziare con solo 5 minuti al giorno di pratica di mindfulness o meditazione. Ogni piccolo passo è importante.

2. **Fai attenzione al respiro:** Un ottimo punto di partenza è semplicemente concentrarti sul tuo respiro. Puoi farlo mentre sei seduto o anche mentre cammini. Fai respiri lenti e profondi, sentendo ogni inspirazione e ogni espirazione. Quando ti accorgi che la tua mente sta vagando, gentilmente riportala al respiro.

3. **Pratica l'auto-compassione:** La mindfulness non riguarda solo l'osservazione dei pensieri, ma anche l'approccio verso se stessi. Sii gentile con te stesso quando la mente si distrare. L'auto-compassione è fondamentale, perché ti permette di vivere la meditazione con pazienza e senza giudizio.

4. **Fai della consapevolezza una pratica quotidiana:** La mindfulness non è qualcosa che fai solo quando mediti. Puoi portarla in ogni momento della tua giornata. Mentre mangi, senti il sapore del cibo. Mentre cammini, percepisci ogni passo. Mentre parli con qualcuno, ascolta veramente, senza distrazioni. Ogni istante è un'opportunità per essere pienamente presente.

5. **Prova la meditazione guidata:** Se ti senti sopraffatto dall'idea di meditare da solo, puoi provare una meditazione guidata. Esistono numerose app e video che ti guideranno passo dopo passo. Queste possono essere utili per iniziare e per mantenere la motivazione.

Benefici della Mindfulness e della Meditazione

La mindfulness e la meditazione non sono solo tecniche per ridurre lo stress, ma sono veri e propri strumenti di trasformazione della vita. Ecco alcuni dei numerosi benefici che queste pratiche portano nella tua vita:

- **Riduzione dell'ansia:** Praticare la mindfulness ti aiuta a ridurre il rimuginare e a spezzare il ciclo dei pensieri ansiosi. Ti insegna a non identificarti con le preoccupazioni future, ma a focalizzarti sul qui e ora.

- **Maggiore concentrazione e lucidità mentale:** La meditazione ti aiuta a migliorare la tua capacità di concentrazione. Quando la mente è calma, è più facile prendere decisioni lucide e agire con maggiore chiarezza.
- **Miglioramento della salute fisica:** Numerosi studi dimostrano che la meditazione e la mindfulness possono ridurre la pressione sanguigna, migliorare la qualità del sonno e rinforzare il sistema immunitario.
- **Miglioramento delle relazioni:** La consapevolezza ti aiuta a sviluppare un ascolto più empatico e ad agire con maggiore pazienza e comprensione verso gli altri.

La Mindfulness Come Stile di Vita

La mindfulness non è una pratica che inizi e finisci in un capitolo o in una sessione di meditazione. È uno stile di vita che ti invita a essere consapevole in ogni momento, a scegliere come rispondere ai pensieri e alle emozioni, e a vivere una vita più piena e meno reattiva.

Non cercare di fare tutto in una volta. Inizia con piccoli passi e permetti alla mindfulness di espandersi nella tua vita. Con il tempo, ti accorgerai di essere più presente, meno ansioso, e più in sintonia con te stesso e con il mondo che ti circonda.

Questo capitolo è solo l'inizio del viaggio. La mindfulness e la meditazione sono pratiche che possono davvero cambiare la tua vita, se le accogli con un cuore aperto e la determinazione di metterle in pratica ogni giorno. Ogni volta che pratichi, ogni volta che porti la tua attenzione al momento presente, stai costruendo una mente più calma, serena e consapevole.

Ricorda, non sei solo in questo cammino. Ogni passo che fai ti avvicina a una versione più equilibrata e felice di te stesso. Buon viaggio!

CAPITOLO 10: BENEFICI DELLA PRATICA MEDITATIVA

La mente umana è un giardino di pensieri, alcune volte sereno e fertile, altre volte turbato e disordinato. Se ti ritrovi a pensare troppo, a rimuginare su ogni dettaglio della tua vita, e senti che questo ti impedisce di vivere pienamente, sappi che non sei solo. La buona notizia è che puoi intraprendere un percorso di trasformazione attraverso la meditazione. In questo capitolo, esploreremo i profondi benefici di questa pratica millenaria e come può essere la chiave per smettere di pensare troppo e riprendere il controllo della tua vita.

La meditazione non è solo un rimedio per lo stress o un semplice esercizio di rilassamento. È una pratica che, se coltivata con impegno e costanza, può portare a una trasformazione radicale del tuo modo di pensare, sentire e agire. Vediamo insieme come la meditazione può aiutarti a ridurre il pensiero negativo, migliorare il tuo benessere psicologico e fisico, e infondere serenità nella tua quotidianità.

Riduzione dell'Ansia e dei Pensieri Incessanti

Se ti senti sopraffatto dai pensieri, ti sarai probabilmente accorto che l'ansia può prendere il sopravvento. Ogni preoccupazione, ogni possibile scenario futuro, sembra amplificarsi nella tua mente, creando un circolo vizioso che non sembra mai fermarsi. È qui che la meditazione entra in gioco. Quando pratichi la meditazione, impari a fermare questo flusso continuo di pensieri, sviluppando la capacità di focalizzarti sul momento presente.

La meditazione ti aiuta a creare una distanza tra te e i tuoi pensieri. Non ti identifichi più con ogni pensiero che passa nella tua mente, ma impari a osservarli senza giudizio, lasciandoli andare quando non sono utili. Questo processo riduce l'ansia, poiché smetti di essere intrappolato nella preoccupazione per ciò che potrebbe accadere e inizi a vivere il qui e ora.

Maggiore Consapevolezza di Sé

Un altro beneficio fondamentale della meditazione è la maggiore consapevolezza di sé. In un mondo che ti spinge costantemente a correre e ad agire, spesso perdiamo il contatto con noi stessi. I pensieri si moltiplicano, il corpo diventa una macchina automatica e la mente si agita senza sosta. La meditazione ti riporta al centro di te stesso, aiutandoti a connetterti con i tuoi sentimenti, le tue emozioni e le tue sensazioni.

Quando pratichi la meditazione, ti rendi conto di

quanto spesso la tua mente si lascia influenzare da emozioni passeggere. Ti accorgi di pensare troppo per paura, per insicurezza, o per desiderio di perfezione. La consapevolezza che sviluppi attraverso la meditazione ti consente di prendere le distanze da questi impulsi e di reagire in modo più equilibrato, senza essere travolto dalle emozioni.

Gestione dello Stress e Miglioramento della Resilienza

Lo stress è una parte inevitabile della vita moderna, ma ciò che fa davvero la differenza è come reagisci a esso. La meditazione aiuta a gestire lo stress in modo efficace, permettendoti di restare calmo e lucido anche nelle situazioni più difficili. Quando mediti, impari a rispondere alle sfide della vita con una mente tranquilla, piuttosto che reagire impulsivamente.

Un aspetto fondamentale della meditazione è la sua capacità di migliorare la resilienza mentale. La resilienza è la capacità di affrontare le difficoltà senza lasciarsi abbattere. La meditazione ti insegna a non temere la sofferenza, ma a vederla come un'opportunità per crescere. Ogni momento difficile diventa un'opportunità di allenamento mentale, che ti aiuta a costruire una mente più forte e capace di affrontare le tempeste della vita con maggiore serenità.

Maggiore Concentrazione e Chiarezza Mentale

Hai mai sentito la frustrazione di cercare di concentrarti, ma la tua mente continua a vagare? La meditazione è uno strumento potente per migliorare la tua capacità di concentrarti e di mantenere la lucidità mentale. Quando pratichi la meditazione, impari ad allenare la tua mente a essere più focalizzata, a concentrarsi su un singolo compito senza disperdersi in mille pensieri.

La meditazione ti aiuta a ridurre il "rumore mentale" e a focalizzare la tua attenzione su ciò che è veramente importante. Ogni volta che ti accorgi che la mente sta vagando, ritorni gentilmente al tuo punto di attenzione. Con la pratica, questo processo diventa naturale, e ti accorgi di essere più presente e produttivo in tutte le aree della tua vita.

Miglioramento della Qualità del Sonno

I pensieri incessanti possono rendere difficile addormentarsi e mantenere un sonno riposante. La meditazione, però, è un potente strumento per migliorare la qualità del sonno. Quando mediti prima di andare a letto, aiuti la tua mente a rilassarsi e a liberarsi dalle preoccupazioni. La meditazione ti prepara per un sonno più profondo, favorendo un senso di calma e tranquillità.

Inoltre, la meditazione aiuta a ridurre i livelli di cortisolo, l'ormone dello stress, che spesso è la causa principale di difficoltà nel sonno. Riducendo lo stress e aumentando la consapevolezza, ti sentirai più sereno e in grado di rilassarti prima di coricarti, migliorando la qualità complessiva del tuo riposo.

Miglioramento delle Relazioni Interpersonali

Quando sei costantemente travolto dai tuoi pensieri, le tue relazioni ne risentono. La meditazione ti aiuta a essere più presente nelle tue interazioni. Impari ad ascoltare veramente gli altri, senza essere distratto dai tuoi pensieri interiori. La meditazione ti aiuta a sviluppare una maggiore empatia, permettendoti di comprendere meglio le emozioni e le esigenze degli altri.

Inoltre, quando pratichi la meditazione, impari a gestire le tue emozioni in modo più equilibrato, evitando di reagire impulsivamente durante i conflitti. Questo ti consente di rispondere con maggiore serenità, rafforzando le tue relazioni e creando un ambiente più armonioso attorno a te.

Benefici Fisici della Meditazione

Oltre ai benefici mentali ed emotivi, la meditazione porta con sé anche numerosi benefici fisici. Numerosi studi hanno dimostrato che la meditazione può abbassare la pressione sanguigna, ridurre i livelli di infiammazione nel corpo, e migliorare la salute cardiovascolare. Inoltre, aiuta a ridurre i sintomi legati a condizioni croniche come l'ansia, la depressione e il dolore fisico.

La meditazione stimola anche la produzione di endorfine, gli ormoni del benessere, che ti fanno sentire più energico, positivo e felice. Con la meditazione, non solo migliora la tua mente, ma anche il tuo corpo, creando un circolo virtuoso di benessere che influisce su tutti gli aspetti della tua vita.

Praticare con Costanza: Un Impegno per la Tua Crescita

I benefici della meditazione non arrivano all'improvviso. Come qualsiasi altra pratica, richiede costanza e dedizione. All'inizio, la tua mente potrebbe sembrare più agitata che mai, ma questo è normale. Ogni pratica ti porta un passo più vicino a una maggiore serenità. Non preoccuparti se non vedi cambiamenti immediati. La meditazione è un viaggio, non una destinazione.

Dedica ogni giorno qualche minuto alla meditazione, anche solo 10-15 minuti. Inizia con sessioni brevi e gradualmente aumenta il tempo. Più pratichi, più diventerai consapevole della calma interiore che la meditazione porta, e più il pensiero negativo inizierà a svanire.

La meditazione non è solo una tecnica, ma un modo di vivere. Porta serenità e consapevolezza nella tua vita, riducendo il pensiero eccessivo e permettendoti di concentrarti su ciò che conta veramente. Ogni momento che dedichi alla meditazione è un passo verso una mente più sana, serena e produttiva.

Se ti sei mai sentito sopraffatto dai tuoi pensieri, è il momento di iniziare. La meditazione può essere la chiave che ti permette di fermare il rumore mentale, recuperare la tua tranquillità e vivere una vita più piena e consapevole. Non c'è tempo migliore di ora per iniziare questo percorso.

CAPITOLO 11: ESERCIZI DI MINDFULNESS

Ora che abbiamo compreso i benefici, passiamo a degli esercizi pratici che puoi iniziare a integrare nella tua vita. Non è necessario essere esperti per trarre vantaggio dalla mindfulness: anche i principianti possono iniziare con semplici esercizi quotidiani.

Esercizio 1: Respirazione Consapevole

Uno degli esercizi più semplici e potenti della mindfulness è la respirazione consapevole. Si tratta di focalizzarsi sul tuo respiro, prestando attenzione a ogni inspirazione ed espirazione, senza cercare di cambiarlo o controllarlo.

Come fare:

1. Siediti in un luogo tranquillo, con la schiena dritta ma rilassata.

2. Chiudi gli occhi e porta la tua attenzione al respiro.

3. Respira lentamente e profondamente. Sentiti libero di osservare come l'aria entra nel tuo corpo e come esce.

4. Ogni volta che la tua mente inizia a vagare, gentilmente riporta la tua attenzione al respiro, senza giudicarti.

5. Fai questo esercizio per 5-10 minuti. Puoi farlo ogni volta che senti il bisogno di calmarti o centrare la tua mente.

Questo esercizio ti aiuta a ridurre il rumore mentale e a creare uno spazio di calma nella tua mente, permettendoti di tornare al presente ogni volta che la mente si perde in pensieri inutili.

Esercizio 2: Osservazione dei Pensieri Senza Giudizio

Molto spesso, i pensieri passano nella nostra mente senza che ne siamo consapevoli. La mindfulness ci insegna a diventare osservatori dei nostri pensieri, senza farci coinvolgere emotivamente.

Come fare:

1. Siediti comodamente e chiudi gli occhi.

2. Fai un respiro profondo per rilassarti.

3. Inizia a osservare i pensieri che passano nella tua mente, senza cercare di cambiarli

o fermarli.

4. Ogni pensiero che appare, guardalo come se fosse una nuvola che passa nel cielo. Non identificarti con esso, non giudicarlo come buono o cattivo.

5. Se ti accorgi che ti stai attaccando a un pensiero, ritorna gentilmente al semplice atto di osservare.

Questo esercizio ti aiuta a distaccarti dai tuoi pensieri e a prendere consapevolezza di come il pensiero continuo può influire sul tuo stato d'animo. La chiave è non reagire, ma semplicemente essere testimoni di ciò che accade nella tua mente.

Esercizio 3: Mindfulness Camminata

La **mindfulness camminata** è un esercizio che ti permette di portare la consapevolezza nel movimento del corpo. È particolarmente utile quando ti senti sopraffatto o ansioso.

Come fare:

1. Trova un luogo tranquillo dove puoi camminare senza distrazioni.

2. Inizia a camminare lentamente e consapevolmente, prestando attenzione a ogni passo che fai.

3. Senti il contatto dei tuoi piedi con il terreno, il movimento delle gambe, il respiro che accompagna ogni passo.
4. Ogni volta che la tua mente inizia a vagare, riporta l'attenzione al movimento del corpo e al respiro.

Questo esercizio è ottimo per portare la mindfulness nella vita quotidiana e può essere fatto anche durante una passeggiata nel parco, in ufficio, o mentre ti sposti da un posto all'altro. La chiave è essere presenti in ogni passo che fai.

Applicare la Mindfulness alla Vita Quotidiana

La mindfulness non è solo un esercizio da fare una volta al giorno, ma una modalità di vita. Più pratichi, più diventa facile applicarla a ogni aspetto della tua giornata. Ecco alcuni modi per incorporarla nella tua routine quotidiana:

Mindfulness nelle Attività Quotidiane

Puoi praticare la mindfulness in qualsiasi attività, che si tratti di lavare i piatti, fare una passeggiata, o anche ascoltare qualcuno. Fai attenzione a ogni movimento, ogni suono, ogni sensazione. Lascia andare la tendenza a fare più cose contemporaneamente e concentrati su ciò che stai facendo in quel preciso momento.

Mindfulness nelle Relazioni

Praticare la mindfulness nelle tue relazioni significa ascoltare veramente l'altra persona senza distrarti o pensare a cosa dire dopo. Impara a rispondere invece di reagire, ascoltando con empatia e senza giudizio.

Mindfulness nel Momento di Stress

Nei momenti di stress o ansia, la mindfulness può essere un'ancora. Quando ti senti sopraffatto, fermati un attimo, fai qualche respiro profondo, e osserva il momento presente senza farti trasportare dalle emozioni. Questa pratica ti aiuterà a rispondere con maggiore calma e lucidità.

La mindfulness è un viaggio, non una destinazione. Non aspettarti che cambiamenti profondi avvengano dall'oggi al domani. Ogni volta che ti concedi di essere presente, anche per pochi minuti, stai facendo un passo verso una mente più calma e un cuore più sereno. Sii paziente con te stesso, celebra ogni piccolo progresso e continua a esplorare il potere del momento presente.

Quando ti ritrovi a pensare troppo o a essere sopraffatto, ricorda che hai già uno strumento potente a tua disposizione: la mindfulness. Ogni passo che fai verso la consapevolezza è un'opportunità per vivere una vita più ricca, più piena e più serena.

CAPITOLO 12: INTRODUZIONE ALLA PNL E COME I PENSIERI INFLUENZANO LA REALTÀ

Se ti sei mai trovato a riflettere sul fatto che i tuoi pensieri possano controllarti, che siano il motore delle tue emozioni e delle tue azioni, non sei solo. Quante volte ti sei trovato intrappolato in un circolo vizioso di pensieri che alimentano ansia, stress o negatività? Ti è mai capitato di essere sopraffatto dalla convinzione che, se non riuscissi a liberarti da quella spirale di pensieri, nulla potrebbe migliorare? Bene, oggi voglio mostrarti un altro lato della medaglia. Voglio che tu comprenda che i tuoi pensieri non sono realtà, ma potenti strumenti che puoi imparare a usare per trasformare la tua vita.

In questo capitolo, esploreremo la Programmazione Neuro-Linguistica (PNL) e come essa possa essere un alleato straordinario nel prendere il controllo dei tuoi pensieri. La PNL non è solo una teoria, ma un insieme di tecniche pratiche che ti permettono di agire in modo consapevole sulla tua mente, sulle tue emozioni e, di conseguenza, sulla tua realtà. Preparati a scoprire un nuovo mondo di possibilità, dove i tuoi pensieri non sono più il tuo nemico, ma il tuo strumento più potente per raggiungere la pace interiore e il benessere.

Che Cos'è la PNL?

La Programmazione Neuro-Linguistica (PNL) è una disciplina che esplora la connessione tra i processi neurologici, il linguaggio e i modelli comportamentali appresi. In altre parole, la PNL ci insegna come i nostri pensieri (il nostro "linguaggio interno") influenzano il nostro comportamento e le nostre emozioni. La bellezza della PNL sta nel fatto che, attraverso semplici tecniche, possiamo reimpostare quei modelli mentali che ci limitano, sostituendoli con pensieri più utili e positivi.

Immagina la tua mente come un computer: se il programma che stai eseguendo non funziona come dovrebbe, la soluzione è semplice: basta cambiare il programma. La PNL ti offre gli strumenti per fare proprio questo: rivedere e riprogrammare quei pensieri automatici che ti portano a sentirti stressato, ansioso o sopraffatto.

Molto spesso, il problema risiede nel modo in cui interpretiamo ciò che accade intorno a noi. I nostri pensieri possono amplificare un problema, facendoci sentire impotenti, incapaci di affrontarlo. La PNL ti aiuta a interrompere questi schemi mentali automatici, permettendoti di vedere le cose in una nuova prospettiva e di agire in modo più efficace.

Come i Pensieri Influiscono sulla Realtà

I tuoi pensieri non sono semplici reazioni a ciò che accade nel mondo, ma piuttosto la lente attraverso cui interpreti la realtà. In un certo senso, la tua percezione è la tua realtà. Quello che pensi, credi e immagini diventa la base per ogni tua esperienza. Se ti concentri su pensieri negativi o su quello che può andare storto, questo influenzerà il tuo comportamento e ti porterà a risultati negativi. Al contrario, se riesci a riprogrammare i tuoi pensieri in modo positivo e costruttivo, il mondo intorno a te inizia a cambiare.

Prendiamo un esempio concreto. Immagina di dover affrontare una presentazione importante. Se i tuoi pensieri sono dominati dall'idea che "farò un disastro" o "non sarò mai all'altezza", è probabile che il tuo corpo e la tua mente reagiranno di conseguenza: sudore, ansia, tremori. La tua performance risulterà influenzata da queste emozioni. Tuttavia, se invece di questo pensiero limitante ti focalizzi su un pensiero più positivo, come "Sono preparato e posso farcela", è molto probabile che tu avverta meno stress e riesca a esprimerti con maggiore sicurezza.

Questa capacità di cambiare il nostro modo di pensare, riprogrammando la nostra mente, è uno degli aspetti fondamentali della PNL. La PNL ci insegna che possiamo scegliere quale interpretazione dare agli eventi che accadono nella nostra vita, e che questa scelta determina come ci sentiamo e come agiamo. Non siamo più vittime dei nostri pensieri, ma possiamo diventare i creatori della nostra realtà.

Il Potere delle Credenze Limitanti

Uno degli ostacoli più grandi al cambiamento è rappresentato dalle credenze limitanti. Queste sono convinzioni che abbiamo interiorizzato nel corso degli anni, spesso inconsapevolmente, e che determinano il nostro comportamento. Le credenze limitanti sono come delle lenti distorte attraverso cui vediamo noi stessi e il mondo: "Non sono abbastanza bravo", "Non merito successo", "Non posso farcela".

Queste credenze sono basate su pensieri e esperienze passate che ci condizionano nel presente. Eppure, la buona notizia è che le credenze limitanti non sono verità assolute. Sono solo pensieri che abbiamo accettato come verità, ma che possono essere modificati attraverso la PNL. Imparando a riconoscere le nostre credenze limitanti e a sostituirle con credenze potenzianti, possiamo cambiare radicalmente la nostra realtà. Un esempio potrebbe essere sostituire il pensiero "Non sono abbastanza bravo" con "Ho tutte le capacità per affrontare questa sfida".

Tu Sei il Creatore della Tua Realtà

La PNL ti offre la chiave per trasformare i tuoi

pensieri e, di conseguenza, la tua realtà. Ogni pensiero che hai è un'opportunità per cambiamento. Impara a conoscere i tuoi schemi mentali, riconosci le credenze limitanti e inizia a sostituirle con pensieri che ti potenziano. Con il tempo, vedrai che i tuoi pensieri non sono più solo reazioni automatiche, ma scelte consapevoli che ti permettono di vivere una vita più serena, positiva e in pieno controllo.

Ricorda: tu hai il potere di scegliere come pensare e come rispondere al mondo. Non sottovalutare mai la forza dei tuoi pensieri. Sei tu a scrivere la tua storia. Ora inizia a farlo con consapevolezza, fiducia e determinazione.

CAPITOLO 13: TECNICHE DI PNL PER IL CAMBIAMENTO DEL PENSIERO NEGATIVO

Il pensiero negativo è uno dei principali ostacoli che impedisce a molte persone di vivere una vita serena e soddisfacente. Quando i pensieri negativi prendono il sopravvento, tutto sembra più difficile: l'ansia cresce, lo stress aumenta, e la fiducia in se stessi diminuisce. Ma cosa succederebbe se ti dicessi che puoi trasformare questi pensieri, non solo accettarli? Che esistono strumenti pratici e potenti che ti permetteranno di riscrivere la tua realtà mentale?

La Programmazione Neuro-Linguistica (PNL) è una disciplina che ti offre una serie di tecniche per cambiare i tuoi schemi mentali e affrontare il pensiero negativo in modo efficace. La PNL si basa sull'idea che i nostri pensieri, le parole che usiamo e i comportamenti sono tutti interconnessi e che modificando uno di questi elementi possiamo influenzare gli altri.

In questo capitolo, ti guiderò attraverso alcune delle tecniche più potenti della PNL per gestire e trasformare i pensieri negativi. Non si tratta solo di "cancellare" i pensieri negativi, ma di sostituirli con pensieri che ti potenziano, ti motivano e ti permettono di vedere la realtà sotto una luce completamente nuova.

Ancoraggio: il potere di un ricordo positivo

Una delle tecniche più potenti della PNL è l'ancoraggio. In pratica, un "ancora" è un collegamento tra uno stato emotivo e un segnale specifico (un gesto, una parola, una sensazione). Per esempio, se ricordi un momento della tua vita in cui ti sei sentito particolarmente sicuro e in controllo, puoi associare quel ricordo a un gesto, come stringere il pugno. Ogni volta che rifarai quel gesto in futuro, il tuo corpo e la tua mente torneranno in quello stato emotivo positivo.

Come fare:

- Siediti in un posto tranquillo e chiudi gli occhi.
- Rievoca un momento in cui ti sei sentito incredibilmente sicuro, motivato e positivo. Focalizzati su quel momento: ricorda dove eri, chi c'era intorno a te, cosa vedevi, come ti sentivi.
- Quando l'emozione di fiducia è al massimo, tocca il polso o fai un gesto che non hai mai

usato prima, per associare fisicamente
quella sensazione.
- Ripeti questo esercizio più volte, finché il
gesto diventa un "ancora" potente che puoi
usare ogni volta che hai bisogno di
riconnetterti con quella sicurezza interiore.

Con questa tecnica, puoi imparare a richiamare stati positivi anche nei momenti più difficili, interrompendo i pensieri negativi prima che prendano il sopravvento.

Ristrutturazione del pensiero: cambiare il significato

La ristrutturazione del pensiero è un'altra potente tecnica della PNL che ti aiuta a cambiare la percezione che hai di una situazione. Il pensiero negativo nasce spesso quando diamo un significato limitante a un evento o una circostanza. Questo significato influenza la nostra reazione emotiva e comportamentale. Cambiare il significato che attribuiamo agli eventi è il primo passo per cambiare il nostro stato mentale.

Come fare:

- Inizia con una situazione che ti genera
stress o ansia, come un incontro di lavoro,
un esame o una conversazione difficile.

- Chiediti: "Quale significato sto dando a
  questa situazione?" "Perché mi sta causando
  ansia?"
- Poi, cerca di ristrutturare il significato. Ad
  esempio, se pensi che un incontro di lavoro
  sia una minaccia alla tua carriera, prova a
  vedere l'occasione come un'opportunità per
  imparare qualcosa di nuovo e per crescere.
  Ogni sfida può essere una possibilità di
  miglioramento.
- Sostituisci il vecchio pensiero con una
  nuova frase positiva che ti aiuti a mantenere
  il controllo.

Con il tempo, vedrai che queste tecniche ti aiuteranno a dare nuovi significati alle tue esperienze, riducendo il potere dei pensieri negativi e trasformandoli in occasioni di crescita.

Sostituire il dialogo interno negativo con affermazioni positive

Il dialogo interno negativo è uno dei principali sabotatori della nostra tranquillità mentale. Spesso ci troviamo a ripetere nella mente frasi come "Non ce la farò mai", "Sono troppo stupido per farlo", "Non sono capace". Questi pensieri possono facilmente trasformarsi in credenze limitanti che impediscono di agire.

La PNL ci offre uno strumento semplice ed efficace per interrompere il flusso di pensieri negativi e sostituirli con affermazioni positive. Le affermazioni positive sono frasi che dichiarano un fatto positivo, come se fosse già vero. Possono ristrutturare la tua realtà mentale e spostare la tua attenzione su ciò che puoi fare, piuttosto che su ciò che temi.

Come fare:

- Scrivi una lista di affermazioni che ti rappresentano e che ti aiutano a sentirti positivo e capace. Per esempio: "Sono abbastanza forte per affrontare ogni sfida", "Merito di essere felice e di avere successo", "Ogni giorno divento più sicuro di me".
- Ripeti queste affermazioni ad alta voce ogni mattina e ogni sera. Senti la forza di queste parole e immagina te stesso che le vivi.
- Se un pensiero negativo emerge durante la giornata, sostituiscilo immediatamente con una di queste affermazioni.

Le affermazioni sono potenti perché lavorano per riprogrammare la tua mente e iniziare a vedere te stesso e il mondo in modo nuovo. Più ripeti un'affermazione, più diventa parte della tua realtà.

Tecnica del "reframing" (riformulazione)

La tecnica del "reframing" consiste nel guardare una situazione da una prospettiva diversa, in modo che acquisisca un significato nuovo. È simile alla ristrutturazione del pensiero, ma più profonda e creativa. Quando affronti un pensiero negativo, prova a chiederti: "Cosa posso imparare da questa situazione?" o "C'è un lato positivo che non vedo ancora?"

Come fare:

- Inizia con una situazione in cui ti senti sopraffatto da un pensiero negativo.
- Poi, chiediti: "Cosa posso imparare da questa esperienza?" "C'è un'opportunità nascosta in questa situazione?" "Come posso vedere questa circostanza in modo positivo?"
- Prendi il pensiero negativo e riformulalo. Ad esempio, se pensi "Non riesco a gestire questo progetto, è troppo difficile", prova a riformularlo in "Questo progetto mi sta facendo crescere come professionista, mi sta sfidando a imparare nuove competenze".

La riformulazione è uno strumento potente che ti aiuta a vedere ogni difficoltà come un'opportunità di crescita e a spostare il focus dal problema alla soluzione.

Le tecniche di PNL per il cambiamento del pensiero negativo sono strumenti potenti, ma la chiave del loro successo è la pratica costante. Non aspettarti di vedere cambiamenti radicali da un giorno all'altro. Ogni volta che applicherai una di queste tecniche, darai un passo verso una maggiore serenità, fiducia in te stesso e una mente più positiva.

Ricorda: i tuoi pensieri non sono fissi. Possono essere cambiati, ristrutturati e trasformati. Sei tu il protagonista del tuo cambiamento. Non lasciare che i pensieri negativi ti controllino. Usa la PNL per riprendere il controllo della tua mente e trasformarla in uno strumento di crescita personale.

CAPITOLO 14: L'IMPORTANZA DELLA PIANIFICAZIONE E GESTIONE DEL TEMPO PER RIDURRE LO STRESS

Lo stress è una delle sfide principali della vita moderna. Le persone si sentono sopraffatte da impegni, scadenze, responsabilità quotidiane e la continua pressione di fare tutto perfettamente. Ma come puoi affrontare questo senso di sovraccarico? La risposta potrebbe essere più semplice di quanto pensi: pianificare.

La pianificazione e la gestione del tempo non sono solo strumenti pratici; sono vere e proprie risorse psicologiche che ti permettono di riprendere il controllo della tua vita, ridurre lo stress e migliorare la qualità delle tue giornate. Quando impari a gestire il tuo tempo in modo consapevole e strategico, non solo ottimizzi le tue risorse, ma riduci l'ansia, aumenti la produttività e favorisci il benessere mentale.

In questo capitolo, esploreremo come la pianificazione e una gestione del tempo efficace possano cambiare la tua esperienza quotidiana, ridurre il pensiero eccessivo e aumentare il tuo senso di realizzazione. Imparerai a strutturare le tue giornate in modo che ogni momento sia indirizzato verso il raggiungimento dei tuoi obiettivi, lasciandoti anche il tempo per respirare e vivere il presente.

Comprendere il legame tra tempo e stress

Lo stress nasce spesso dalla percezione di non avere il controllo. Quando ti senti sopraffatto dai compiti da svolgere o dalle scadenze imminenti, la mente tende a correre e accumulare pensieri in continuazione. Il cervello si trova in uno stato di "allerta continua", cercando di risolvere ogni problema e anticipare ogni difficoltà, e questo genera ansia.

La gestione del tempo è la chiave per abbattere questa sensazione di caos. Pianificare consapevolmente le tue giornate e definire delle priorità ti permette di avere il controllo della tua vita, riducendo la sensazione di essere intrappolato nella frencsia del quotidiano. Quando il tempo è ben strutturato, il cervello si rilassa perché sa che ogni attività è stata presa in considerazione e che non è necessario preoccuparsi costantemente di "cosa fare dopo".

Spunto di riflessione:

Qual è il momento della giornata in cui ti senti più sopraffatto? È quando hai una lunga lista di cose da fare senza sapere da dove iniziare, vero? La pianificazione ti permette di ridurre quel senso di panico, darti una direzione chiara e un senso di controllo. L'ansia nasce proprio dall'incertezza.

La pianificazione come strumento per ridurre il pensiero eccessivo

Quando non hai un piano chiaro, la mente inizia a girare in tondo, cercando di prefigurarsi scenari possibili, calcolando tutte le variabili e le possibili conseguenze di ogni azione. Questo porta a un accumulo di pensieri che, anziché risolvere il problema, lo amplificano. È come un disco che continua a riprodurre lo stesso brano senza mai fermarsi.

La pianificazione ti aiuta a focalizzare la tua attenzione su ciò che conta davvero, eliminando il pensiero incessante. Stabilire un piano ti permette di concentrare la tua energia mentale su un'unica attività alla volta, evitando di disperderti in mille direzioni.

Come fare:

Ogni mattina, prenditi cinque minuti per scrivere le cose che devi fare durante la giornata. Non trattarle come un semplice elenco, ma organizza le tue attività in ordine di priorità. Chiediti: "Qual è la cosa più importante che posso fare oggi?" "Qual è il passo successivo per avanzare verso il mio obiettivo?"

Un piano giornaliero ti aiuta a lasciare da parte le preoccupazioni sul futuro e a concentrarti sul presente, risparmiando energia mentale e riducendo il flusso di pensieri che ti distolgono da ciò che è veramente importante.

La tecnica delle "tre priorità"

Una delle tecniche più semplici ed efficaci per ridurre lo stress e il pensiero eccessivo è quella delle "tre priorità". Questo metodo ti aiuta a concentrarti su ciò che conta davvero e a evitare di essere travolto dalle mille piccole cose che non sono urgenti o importanti.

Come fare:

- Ogni mattina, scegli tre attività che sono assolutamente essenziali per te da completare nel corso della giornata. Non più di tre, altrimenti rischi di sentirti sopraffatto.
- Queste tre attività devono essere legate ai tuoi obiettivi a lungo termine, in modo da assicurarti che ogni giorno stai facendo un passo verso ciò che desideri davvero.
- Completa una delle tre attività prima di passare alla successiva, senza saltare da un compito all'altro.

La tecnica delle tre priorità ti consente di non essere distratto dalle attività meno importanti. La mente diventa più calma, poiché ogni cosa ha il suo posto e la sua priorità. E quando completi una delle attività più importanti, la sensazione di realizzazione e controllo aumenta, riducendo il livello di stress.

Spunto di riflessione:

Pensa a quante volte hai dedicato energie a cose che non ti avvicinano ai tuoi obiettivi. Ti sei mai trovato a passare ore su compiti che sembrano urgenti, ma che non ti conducono da nessuna parte? Con la tecnica delle tre priorità, smetterai di inseguire tutto e inizierai a concentrarti su ciò che conta veramente.

Bloccare il tempo: il metodo del "Time Blocking"

Un altro strumento potente per gestire il tempo e ridurre lo stress è il "time blocking", ovvero la pratica di riservare blocchi di tempo specifici per determinate attività. Quando non pianifichi la tua giornata in blocchi, è facile che tu finisca per lavorare in modo disorganizzato, rispondere a e-mail in continuazione o distrarti con altre attività non prioritarie.

Il time blocking ti permette di dare un tempo specifico ad ogni attività, sia essa lavorativa o personale, riducendo il rischio di procrastinare e creando una routine che ti aiuti a concentrarti su un compito alla volta.

Come fare:

- Organizza la tua giornata in blocchi di tempo di 60-90 minuti. Durante ogni blocco, concentrati completamente su un'unica attività.
- Assicurati di fare delle pause tra i blocchi per ricaricare le energie.
- Imposta delle "ore di disconnessione", durante le quali non faremo altro che rilassarci, passeggiare o dedicarsi a un hobby.

Con il time blocking, non solo migliori la tua produttività, ma riduci anche il livello di stress, perché saprai sempre cosa devi fare e quando devi farlo. Inoltre, sapere che ogni cosa ha il suo spazio ti permette di staccare mentalmente dalle preoccupazioni, dando una pausa al flusso continuo di pensieri.

Gestire le interruzioni e l'imprevisto

Anche con la miglior pianificazione, gli imprevisti fanno parte della vita. Ecco perché è importante non solo pianificare il tempo, ma anche imparare a gestire le interruzioni. Le persone spesso si stressano quando qualcosa va storto, ma se hai preparato la tua giornata in modo flessibile, puoi affrontare gli imprevisti senza perdere il controllo.

Come fare:

- Lascia sempre spazio nel tuo piano per gestire gli imprevisti. Non pianificare ogni singolo minuto della tua giornata, ma lascia alcuni momenti "di margine" per affrontare situazioni che potrebbero sorgere.
- Se qualcosa non va come previsto, non entrare nel panico. Riorganizza rapidamente il tuo piano e continua a concentrarti sull'obiettivo.

Spunto di riflessione:

Ogni volta che un imprevisto ti disturba, ti senti più stressato o ansioso, vero? Se riesci a mantenere una mentalità flessibile, ogni interruzione diventa solo una parte del processo, non un ostacolo insormontabile.

La pianificazione e la gestione del tempo non sono solo strumenti per essere più produttivi, ma vere e proprie leve per il benessere psicologico. Imparando a pianificare con consapevolezza, a dare priorità a ciò che è importante e a lasciare il giusto spazio per la flessibilità, puoi ridurre significativamente lo stress e liberarti dal pensiero incessante.

Il cambiamento non avviene da un giorno all'altro, ma con pratica costante, la pianificazione diventa un'abitudine che ti permette di affrontare ogni sfida con serenità e consapevolezza. Ogni passo che fai nella

gestione del tempo è un passo verso una vita più equilibrata, meno stressante e più soddisfacente.

Ricorda: il tempo è la risorsa più preziosa che hai. Non
sprecarlo. Pianifica, agisci, e lascia che la serenità
prenda il posto dell'incertezza

.

CAPITOLO 15: TECNICHE DI TIME MANAGEMENT PER RIDURRE IL PENSIERO ECCESSIVO

Il pensiero eccessivo è spesso il risultato di un'errata gestione del tempo. Quando ci sentiamo sopraffatti da tutto ciò che dobbiamo fare, è facile cadere in un ciclo infinito di riflessioni sterili e ansiose. La buona notizia è che possiamo spezzare questo circolo vizioso adottando strategie efficaci di gestione del tempo. In questo capitolo esploreremo alcune tecniche di time management che non solo ti aiuteranno a organizzare meglio le tue giornate, ma ridurranno anche il rumore mentale che spesso accompagna il pensiero eccessivo.

La Consapevolezza Come Punto di Partenza

Prima di parlare di tecniche pratiche, è fondamentale riconoscere il ruolo della consapevolezza nella gestione del tempo. Spesso, il pensiero eccessivo nasce dall'incapacità di vivere il momento presente. Ci perdiamo in ciò che è stato e in ciò che potrebbe accadere, dimenticandoci di agire qui e ora.

Un esercizio utile è dedicare ogni mattina cinque minuti alla pianificazione consapevole della tua giornata. Prendi un respiro profondo, chiudi gli occhi e chiediti: *Quali sono le tre cose più importanti che voglio realizzare oggi?*. Annotale e usale come guida per orientare le tue azioni.

La Regola dell'80/20: Concentrati sull'Essenziale

Una delle tecniche più potenti di gestione del tempo è il principio di Pareto, noto anche come regola dell'80/20. Questa regola afferma che l'80% dei risultati deriva dal 20% delle azioni. In altre parole, non tutte le attività che riempiono la tua giornata hanno lo stesso peso.

Fai una lista di tutte le cose che senti di dover fare e chiediti: *Quali di queste azioni hanno il maggiore impatto sui miei obiettivi personali o professionali?*. Concentrati su quelle e considera il resto come secondario. Questo approccio ti aiuterà a ridurre il carico mentale e a liberarti da pensieri inutili.

Suddividere il Tempo in Blocchi

Un'altra tecnica efficace è la gestione a blocchi di tempo, nota anche come *time blocking*. Questa strategia consiste nel dedicare periodi di tempo specifici a determinate attività, evitando di passare continuamente da un compito all'altro.

Ad esempio, puoi riservare:

- 9:00-10:30 per il lavoro creativo o strategico.
- 11:00-12:00 per le email e le comunicazioni.
- 15:00-16:00 per attività personali o riflessive.

Durante ogni blocco, elimina tutte le distrazioni e concentrati esclusivamente sul compito designato. Questo approccio non solo aumenta la produttività, ma riduce anche il rischio di pensiero eccessivo legato a un senso di disorganizzazione.

La Tecnica del Pomodoro: Agire in Intervalli

Quando ci troviamo a rimuginare troppo, spesso è perché siamo paralizzati dall'idea di dover affrontare un compito complesso o lungo. La tecnica del Pomodoro è un metodo semplice ma efficace per superare questa difficoltà.

Ecco come funziona:

1. Scegli un compito su cui vuoi lavorare.
2. Imposta un timer per 25 minuti (un "Pomodoro").
3. Lavora sul compito fino a quando il timer suona, poi prendi una pausa di 5 minuti.
4. Dopo quattro Pomodori, fai una pausa più lunga (15-30 minuti).

Questa tecnica aiuta a spezzare i grandi compiti in intervalli gestibili, rendendoli meno intimidatori e riducendo il rischio di cadere in un circolo di pensiero eccessivo.

Il Potere del "No"

Molto spesso il nostro tempo viene invaso da richieste esterne: colleghi, amici, familiari. Dire di sì a tutto può portare a un sovraccarico mentale e fisico che alimenta il pensiero eccessivo.

Imparare a dire "no" non è solo un atto di autoaffermazione, ma anche un modo per proteggere la tua salute mentale. Quando qualcuno ti chiede qualcosa, chiediti: *Questo contribuisce ai miei obiettivi principali?*. Se la risposta è no, declina con gentilezza ma fermezza.

Rituali di Chiusura per la Giornata

Uno degli errori più comuni nella gestione del tempo è portarsi il lavoro mentale a letto. Questo non solo influisce negativamente sul sonno, ma amplifica il pensiero eccessivo.

Crea un rituale di chiusura per la giornata che includa:

- Una revisione delle attività completate.
- Un elenco delle cose da fare per il giorno successivo.

- Un momento di gratitudine per ciò che hai raggiunto.

Questo rituale aiuta a "chiudere i conti" con la giornata e a creare uno spazio mentale più sereno.

Il time management non è solo una questione di organizzazione pratica; è uno strumento potente per creare una mente più leggera e focalizzata. Ricorda, il tuo tempo è una risorsa limitata e preziosa. Usarlo con saggezza significa anche liberare spazio per ciò che conta davvero nella tua vita.

Adottando queste tecniche, non solo ridurrai il pensiero eccessivo, ma inizierai a vivere con maggiore intenzionalità, equilibrio e serenità. Il primo passo è iniziare oggi: qual è la prima piccola azione che puoi fare per prendere controllo del tuo tempo?

CAPITOLO 16: TECNICHE PER RICONOSCERE E GESTIRE LE EMOZIONI

Le emozioni sono il cuore pulsante della nostra esperienza umana. Potenti e pervasive, influenzano le decisioni che prendiamo, i comportamenti che adottiamo e i pensieri che elaboriamo. Tuttavia, quando non vengono comprese o gestite adeguatamente, possono alimentare il pensiero eccessivo e la sofferenza interiore. In questo capitolo esploreremo tecniche pratiche per identificare, comprendere e regolare le emozioni, trasformandole in alleate per una vita più equilibrata e appagante.

L'importanza della consapevolezza emotiva

La consapevolezza emotiva è la capacità di riconoscere e comprendere le emozioni che proviamo. Quando le emozioni non vengono riconosciute, spesso trovano altre vie per esprimersi, come il rimuginio, l'ansia o persino la somatizzazione fisica. Identificare le emozioni è il primo passo per ridurne l'impatto negativo e utilizzarle in modo costruttivo.

Tecnica: Diario delle emozioni

Scrivere un diario delle emozioni può essere uno strumento potente per sviluppare questa consapevolezza. Ogni sera, dedica qualche minuto a rispondere a queste domande:

- Quali emozioni ho provato oggi?
- In che momento si sono manifestate?
- Quali pensieri o situazioni le hanno scatenate?

Annotare regolarmente le emozioni ti aiuterà a individuare schemi ricorrenti, riconoscere i tuoi trigger emotivi e comprendere meglio il tuo mondo interiore.

Dare un nome alle emozioni

Molte persone tendono a descrivere le loro emozioni in modo generico ("Mi sento bene" o "Mi sento male"). Tuttavia, essere specifici è fondamentale per gestirle efficacemente. Ad esempio, distinguere tra "frustrazione" e "rabbia" consente di adottare strategie diverse per affrontarle.

Tecnica: Il vocabolario emotivo

Crea una lista di emozioni suddivisa in categorie (positive, negative, neutre). Quando provi qualcosa, consulta questa lista per identificare con precisione l'emozione. Un vocabolario emotivo più ampio ti permette di affrontare le emozioni con maggiore chiarezza e sicurezza.

Accettare le emozioni senza giudizio

Uno degli errori più comuni è reprimere o giudicare le emozioni, specialmente quelle negative. Questa strategia non solo amplifica il loro impatto, ma può portare a un ciclo di pensieri ossessivi. Invece, accettare le emozioni significa riconoscerle come parte naturale dell'esperienza umana.

Tecnica: L'osservazione distaccata

Quando senti un'emozione intensa, prova a osservare come si manifesta:

1. Identifica dove la senti nel corpo (ad esempio, un nodo alla gola, una tensione alle spalle).
2. Nota la sua intensità su una scala da 1 a 10.
3. Ripeti a te stesso: "Questa è solo un'emozione, è temporanea."

Questa pratica ti aiuterà a creare una distanza emotiva, permettendoti di gestire l'emozione senza esserne sopraffatto.

Trasformare le emozioni negative in energia positiva

Le emozioni negative non sono necessariamente nemiche; possono diventare una forza propulsiva se affrontate correttamente. Ad esempio, la rabbia può alimentare la determinazione, mentre la tristezza può stimolare la riflessione e la crescita personale.

Tecnica: Reframing emotivo

Quando provi un'emozione negativa, chiediti:

- Cosa mi sta insegnando questa emozione?
- Come posso utilizzarla per migliorare la mia situazione?

Ad esempio, l'ansia per un progetto imminente potrebbe essere trasformata in motivazione per prepararti al meglio. Questa prospettiva ti consente di trasformare la negatività in opportunità.

Esprimere le emozioni in modo costruttivo

Reprimere le emozioni porta spesso a tensioni interne, mentre esprimerle in modo aggressivo può danneggiare le relazioni. La chiave è trovare un equilibrio che consenta di comunicare in modo chiaro e rispettoso.

Tecnica: Comunicazione assertiva

Utilizza il modello "Io sento… quando… perché…" per esprimere le tue emozioni senza accusare gli altri. Ad esempio:

- "Io mi sento triste quando non rispondi ai miei messaggi, perché per me la comunicazione è importante."

Questo approccio facilita la comprensione reciproca e rafforza le relazioni.

Coltivare emozioni positive

Le emozioni positive non solo migliorano il benessere personale, ma possono anche bilanciare e neutralizzare i pensieri negativi. Praticare la gratitudine e la gioia può rafforzare la resilienza emotiva.

Tecnica: Esercizio della gratitudine

Ogni giorno, scrivi tre cose per cui sei grato. Possono essere eventi grandi o piccoli, come un sorriso ricevuto o un momento di pace. Questo esercizio allena la mente a concentrarsi sugli aspetti positivi della vita.

Creare una routine di gestione emotiva

Per mantenere una buona salute emotiva, è utile integrare pratiche quotidiane che favoriscano la regolazione emotiva.

Esempio di routine:

- **Mattina:** Dedica 5 minuti a una riflessione su come vuoi sentirti durante la giornata.
- **Durante il giorno:** Prenditi delle pause consapevoli per verificare il tuo stato emotivo.
- **Sera:** Rifletti sulle emozioni provate e annotale nel diario delle emozioni.

Questa routine ti aiuterà a sviluppare una gestione emotiva proattiva, riducendo il rischio di essere sopraffatto.

CAPITOLO 17: COME EVITARE IL PENSIERO CATASTROFICO

Il pensiero catastrofico è una trappola mentale che molte persone affrontano. Consiste nel focalizzarsi costantemente sugli scenari peggiori, spesso ingigantendo problemi minori fino a trasformarli in disastri immaginari. Questo tipo di pensiero alimenta ansia, stress e insicurezza, bloccandoti in una spirale di preoccupazioni che sembrano insormontabili.

Ma è importante ricordare che il pensiero catastrofico è solo una distorsione della realtà. Con gli strumenti giusti, è possibile riconoscerlo, sfidarlo e sostituirlo con una visione più equilibrata.

Perché tendiamo al pensiero catastrofico

Il nostro cervello è programmato per la sopravvivenza. In passato, anticipare pericoli era una strategia essenziale per evitare minacce reali. Tuttavia, nel contesto moderno, questa predisposizione naturale può trasformarsi in un eccesso di precauzione, portandoci a vedere pericoli anche dove non ci sono.

Esperienze traumatiche, mancanza di fiducia in se stessi o un ambiente familiare ipercritico possono amplificare questa tendenza. Identificare le radici del pensiero catastrofico è un primo passo fondamentale per iniziare a cambiarlo.

Strategie per interrompere il ciclo del pensiero catastrofico

1. Riconosci il pensiero catastrofico:

Il primo passo è imparare a riconoscere quando stai cadendo in questa trappola. Fai attenzione a segnali come:

- Usare parole come "sempre", "mai", "tutto" o "niente" nei tuoi pensieri.
- Sentirti sopraffatto da scenari immaginari improbabili.
- Provare ansia senza una causa concreta.

Quando noti questi segnali, fermati e chiediti: "Sto guardando questa situazione in modo realistico?".

2. Sfida le tue convinzioni:

Metti in discussione i tuoi pensieri catastrofici con domande come:

- Qual è la probabilità reale che questo scenario accada?
- Cosa direi a un amico che ha lo stesso pensiero?
- Quali prove ho che dimostrano che questo pensiero è vero?

Questo esercizio ti aiuta a separare i fatti dalle supposizioni, riportando la tua mente a una prospettiva più razionale.

3. Sostituisci il pensiero negativo con uno costruttivo:

Una volta riconosciuto e sfidato il pensiero catastrofico, è importante sostituirlo. Ad esempio, se pensi: "Fallirò sicuramente in questa presentazione", sostituiscilo con: "Potrei essere nervoso, ma ho preparato bene e posso fare del mio meglio".

Non si tratta di ignorare le difficoltà, ma di affrontarle con una mentalità più equilibrata e fiduciosa.

4. Fai una pausa e osserva i fatti:

Quando senti che i pensieri catastrofici stanno prendendo il sopravvento, concediti un momento di pausa. Analizza i fatti oggettivi della situazione e separa ciò che è reale da ciò che è solo un'ipotesi o una paura. Prendere distanza emotiva ti permette di valutare le cose con maggiore lucidità.

5. Crea un piano d'azione:

A volte, il pensiero catastrofico deriva dalla paura di essere impreparati. Creare un piano d'azione può darti un senso di controllo. Ad esempio:

- Identifica i passi concreti per affrontare il problema.
- Stabilisci priorità e piccoli obiettivi.
- Concediti il permesso di imparare dai fallimenti.

Sapere di avere un piano può calmare l'ansia e riportarti in una posizione di forza.

L'importanza del supporto

Cambiare il modo in cui pensiamo non è facile, soprattutto se il pensiero catastrofico è radicato. Non esitare a cercare supporto. Parlare con un amico fidato, un familiare o un terapeuta può darti nuove prospettive e strumenti per affrontare i tuoi pensieri negativi.

Trasformare il pensiero catastrofico in opportunità

Ogni pensiero catastrofico è un'opportunità per imparare qualcosa su di te. Imparare a gestire queste situazioni ti aiuterà non solo a ridurre lo stress, ma anche a costruire resilienza e fiducia nelle tue capacità. Con il tempo, scoprirai che è possibile affrontare la vita con maggiore serenità, accogliendo anche l'incertezza come parte del viaggio.

Ricorda: Il pensiero catastrofico non definisce chi sei. È solo un modello mentale, e tu hai il potere di cambiarlo.

CONCLUSIONE

Se sei arrivato a questo punto del libro, ti meriti un riconoscimento: hai intrapreso un viaggio non solo per comprendere il meccanismo del pensiero eccessivo, ma anche per iniziare a trasformarlo. Cambiare il modo in cui pensiamo, percepiamo e reagiamo è una sfida straordinaria, ma è anche una delle conquiste più gratificanti che possiamo raggiungere. Questo capitolo è un invito a consolidare tutto ciò che hai appreso, a riflettere sul percorso fatto finora e a guardare avanti con speranza e determinazione.

Riconosci il Progresso Fatto

Prenditi un momento per riflettere sui cambiamenti che hai già iniziato a notare. Forse hai imparato a identificare i tuoi pensieri negativi più velocemente, o hai scoperto tecniche che ti aiutano a rilassarti quando il pensiero eccessivo prende il sopravvento. Anche i piccoli progressi meritano di essere celebrati. Ogni passo avanti è una testimonianza della tua forza e del tuo impegno verso il miglioramento.

La consapevolezza è il primo grande risultato. Quando ci rendiamo conto dei nostri schemi mentali, acquisiamo un potere straordinario: quello di scegliere. Ricorda sempre che ogni piccolo passo è parte di un viaggio più grande.

Abbraccia il Cambiamento come Processo

Uno degli insegnamenti più importanti di questo libro è che il cambiamento non è un evento improvviso, ma un processo continuo. Ci saranno giorni in cui ti sentirai più forte e altri in cui potresti dubitare di te stesso. Questo è normale. Ogni viaggio ha le sue sfide, ma è proprio affrontandole che costruiamo resilienza.

Impara a essere gentile con te stesso. Quando il pensiero negativo o lo stress si ripresentano, non vederlo come un fallimento, ma come un'opportunità per mettere in pratica le tecniche apprese. La crescita personale è fatta di tentativi, errori e successi.

Continua a Coltivare una Mente Positiva

La positività non è uno stato permanente, ma una scelta che rinnoviamo ogni giorno. Puoi continuare a coltivarla attraverso pratiche come la gratitudine, la mindfulness e la pianificazione intenzionale. Ogni azione consapevole che fai per ridurre il rumore mentale contribuisce a creare una vita più serena.

Ecco alcune abitudini che puoi continuare a sviluppare:

- **Pratica la gratitudine quotidiana:** Ogni sera, pensa a tre cose per cui sei grato. Questo semplice esercizio può spostare la tua attenzione dalle preoccupazioni alle gioie.
- **Sii presente nel momento:** La mindfulness ti aiuta a vivere qui e ora, riducendo l'impatto del pensiero eccessivo.
- **Definisci obiettivi realistici:** Pianifica il tuo futuro con passi concreti, senza caricarti di aspettative irrealistiche.

Sii il Regista della Tua Vita

Concludendo questo libro, voglio lasciarti con un messaggio chiaro: tu hai il potere di cambiare la tua narrazione. I pensieri negativi e il pensiero eccessivo non sono condanne, ma opportunità per riscoprire la tua forza interiore. Ogni volta che affronti una sfida, immagina di essere il regista della tua vita: puoi riscrivere la trama, scegliere nuovi protagonisti e creare un finale che rifletta chi vuoi veramente essere.

Non cercare la perfezione, ma l'autenticità. La serenità non è l'assenza di problemi, ma la capacità di affrontarli con coraggio e calma. Continua a lavorare su te stesso, ad accogliere il cambiamento e a riconoscere il valore di ogni singolo passo che fai.

Un Invito a Continuare il Tuo Percorso

Il viaggio non finisce qui. Questo libro è solo un punto di partenza. Le tecniche e i principi che hai appreso sono strumenti che puoi utilizzare per tutta la vita. Tieni a mente che ogni giorno è un'opportunità per crescere, migliorare e creare la vita che desideri.

Infine, ricorda che non sei solo in questo percorso. Ci sono professionisti, comunità e risorse che possono supportarti lungo il cammino. Non esitare a cercare aiuto quando ne senti il bisogno: è un segno di forza, non di debolezza.

Grazie per aver intrapreso questo viaggio. Il tuo impegno è un dono che fai a te stesso e a coloro che ti circondano. Ora è il momento di vivere pienamente, con una mente positiva e serena.